LES AUTEURS GAIS

Un Client sérieux

PAR

GEORGES COURTELIN

E. FLAMMARION Editeur - 26 Rue Racine

UN

CLIENT SÉRIEUX

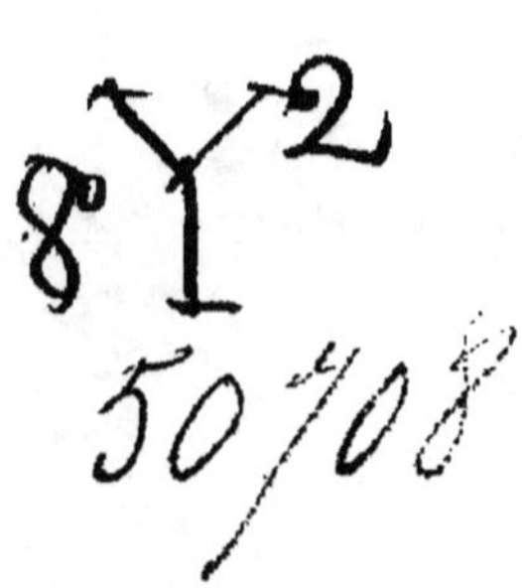

Il a été tiré de cet ouvrage 20 exemplaires sur papier du Japon, tous numérotés

---

En vente à la même Librairie

OUVRAGES DU MÊME AUTEUR

MESSIEURS LES RONDS-DE-CUIR
(TABLEAU-ROMAN DE LA VIE DE BUREAU)
DIXIÈME MILLE
Un volume illustré par Louis BOMBLED
Prix : **3 fr. 50**

LES GAITÉS DE L'ESCADRON
HUITIÈME MILLE
Un volume in-18. . . **3 fr. 50**

LES FEMMES D'AMIS
SIXIÈME MILLE
Un volume illustré par STEINLEN
Prix : **3 fr. 50**

LE TRAIN DE 8 HEURES 47
VINGTIÈME MILLE
Un volume illustré par STEINLEN et DURVIS.
Prix : **3 fr. 50**

POTIRON
SIXIÈME MILLE
Un volume. — Prix. . . . . **3 fr. 50**

AH! JEUNESSE!...
SEPTIÈME MILLE
Un volume in-18. . . . . **3 fr. 50**

Pour paraître prochainement

LES HANNETONS
ROMAN

UN

CLIENT SÉRIEUX

PAR

G. COURTELINE

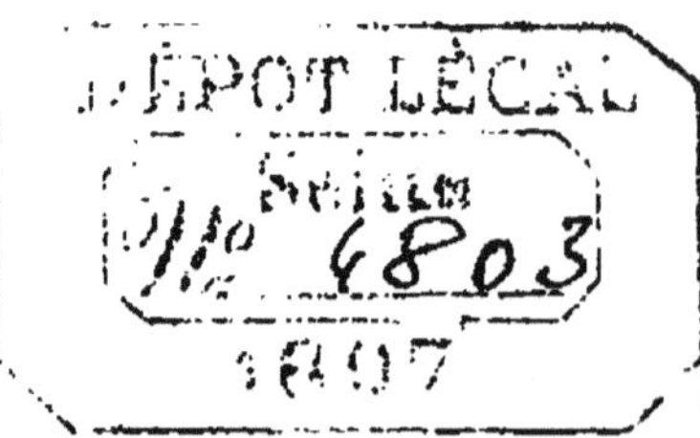

PARIS

ERNEST FLAMMARION, ÉDITEUR

26, RUE RACINE, PRÈS L'ODÉON

UN CLIENT SÉRIEUX

UN CLIENT SÉRIEUX

SCÈNE PREMIÈRE

En chambre du Conseil.

Fauteuils et chaises de reps vert bouteille. Hautes boiseries de chêne montant à mi-hauteur des murs, au-dessous d'un papier gros bleu où s'éparpillent des fleurs de lys.

Un feu de coke siffle dans l'âtre.

L'huissier seul, planté devant une glace, noue sur sa nuque le ruban de son rabat.

La porte s'ouvre.

LE SUBSTITUT, qui entre

Bonjour.

C'est un homme de trente-cinq à trente-huit ans, petit et blond. L'allure d'un foutriquet rageur et rancunier. D'ailleurs, la plus grande distinction. Pantalon et veston irréprochables. Des pieds de fillette, chaussés d'escarpins vernis. Un chapeau de soie où Narcisse trouverait à mirer son image.

L'HUISSIER

Monsieur le substitut, mes respects !

LE SUBSTITUT

Vous avez *l'Officiel?*

L'HUISSIER

Non, Monsieur le substitut.

LE SUBSTITUT

Depuis ce matin, je bats tous les kiosques de Paris; pas moyen de mettre la main dessus.

L'HUISSIER

Ça ne m'étonne pas. Il ne sera mis en vente qu'à midi. C'est dans le *Matin*, en dernière heure.

LE SUBSTITUT

Il est arrivé quelque chose?

L'HUISSIER

Un accident comme on allait mettre sous presse. Toute une forme en pâte !

LE SUBSTITUT, amer

Charmant !... Ces choses-là sont faites pour moi. Enfin !... Pensez à me l'apporter dès qu'il sera paru. J'ai hâte d'avoir des nouvelles.

L'HUISSIER

Vous êtes décoré?

LE SUBSTITUT

Décoré? (*Jetant ses gants dans son chapeau.*) C'est-à-dire que je suis sacqué, probablement.

L'HUISSIER, abasourdi

Non?

LE SUBSTITUT

Je vous dis que le décret de révocation a peut-être été soumis hier à la signature présidentielle.

L'HUISSIER

Qu'est-ce qu'il se passe?

LE SUBSTITUT

Il se passe que, depuis un mois, l'*Intransigeant* mène contre moi une campagne.

L'HUISSIER, qui le savait parfaitement

A cause?

LE SUBSTITUT

A cause que le cousin du gendre du beau-frère de ma belle-sœur a décidé sa tante à mettre son filleul aux jésuites de Vaugirard.

L'HUISSIER, jouant la consternation

Zut!

LE SUBSTITUT, qui endosse sa robe

J'en suis comme un fou, je vous dis! D'ailleurs, je sais de qui vient le coup.

L'HUISSIER

De qui?

LE SUBSTITUT

De Barbemolle, parbleu!... misérable plaidaillon! avocat sans causes! canaille! Voilà longtemps que je le surveille, que j'observe, sans souffler mot, son petit travail de termite. Pistonné par les radicaux au Ministère de la Justice, il a obtenu du garde des sceaux la promesse d'être nommé substitut à Paris dès que se produira une vacance. Alors, naturellement, il fait tout ce qu'il peut pour faire un trou au Parquet.

L'HUISSIER, effaré

Il veut faire un trou au parquet?

LE SUBSTITUT

Oui.

L'HUISSIER

Pour regarder ce qui se passe?

LE SUBSTITUT, agacé

J'ai de la peine à me faire comprendre. Je ne vous dis pas « au parquet », je vous dis « au Parquet »! Le Parquet! Vous ne savez pas ce qu'on appelle le Parquet?

L'HUISSIER

Ah! pardon!

LE SUBSTITUT

Pied-plat! Flaire-fesse!... Non, mais qu'il l'ait jamais, ma place!... J'ai des amis au *Figaro;* je lui ferai savoir comment je m'appelle, vous verrez si ça traînera.

L'HUISSIER

Vous aurez rudement raison.

La porte s'ouvre.

LE SUBSTITUT, bas à l'huissier

Chut!... Le président!

C'est le président, en effet, homme de cinquante ans, celui-ci, aux larges favoris blancs où s'éteignent de dernières rousseurs. Menton en fessier de poupée. Cheveux rares. Binocle d'écaille.

LE PRÉSIDENT

Messieurs, je vous présente mes hommages. (*Les deux hommes saluent jusqu'à terre.*) Comment, d'Échaussé n'est pas là?... Et Foy de Vaulx?... où est-il, Foy de Vaulx?... Pas arrivé non plus, Foy de Vaulx?... Oh mais... oh mais... oh mais...

L'HUISSIER

Ces messieurs ne sont pas en retard. Il n'est qu'onze heures et demie, monsieur le président.

LE PRÉSIDENT

Il est onze heures et demie pour eux comme pour moi, et je vous ferai humblement remarquer que je suis là. Singuliers temps, où le président s'astreint à des servitudes, tandis que les juges s'en affranchissent! — Le rôle est-il chargé?

L'HUISSIER

Du tout! Deux petites affaires longues comme cela.

LE PRÉSIDENT

C'est que je pars pour Fontainebleau, moi, par l'exprès deux heures dix-sept. Et à ce propos (*au substitut*), obligez-moi donc de vous en rapporter purement et simplement à la sagesse du tribunal, pour l'application des peines. Vous n'y perdrez rien et ça me rendra service.

LE SUBSTITUT

Entendu.

LE PRÉSIDENT

Soit dit sans reproche, vous avez l'éloquence prolixe, les jours où vous vous y mettez, et j'ai une peur de manquer le train !

LE SUBSTITUT, un peu sec

Soyez tranquille.

LE PRÉSIDENT

Je compte sur vous.

Il passe dans son cabinet dont il laisse la porte ouverte.

LE SUBSTITUT, à l'huissier

Allez donc voir chez le concierge, au cas où il serait arrivé.

L'HUISSIER

Qui ? Le concierge ?

LE SUBSTITUT

L'*Officiel*.

L'HUISSIER

Ah ! pardon ! — A l'instant, Monsieur le substitut.

Il sort.

LE PRÉSIDENT, qu'on ne voit plus

Eh bien ! vous avez vu, ce matin... l'*Intransigeant* ?

LE SUBSTITUT, jouant l'ignorance

Je ne sais rien.

LA VOIX DU PRÉSIDENT

Je vous renseignerai donc : il y a encore un mot pour vous.

LE SUBSTITUT, avec calme

Ah !

LA VOIX DU PRÉSIDENT

Oui. Un filet de première page. Une note très désagréable. Ah! ces gaillards-là ont soin de vous ; ils vous mènent par de petits chemins plutôt parsemés de rocailles.

LE SUBSTITUT

Et ça me laisse froid, ô combien! Pour l'importance que ça a!...

LA VOIX DU PRÉSIDENT

Aucune!

LE SUBSTITUT, les bras élargis d'évidence

Enfin, voyons!

LE PRÉSIDENT, qui reparaît, sa toque sur l'oreille et sa toge sur le bras

Aucune! — Évidemment, c'est embêtant, c'est

regrettable à tous les points de vue; mais comme importance, c'est zéro.

LE SUBSTITUT

Embêtant?

LE PRÉSIDENT

Oui.

LE SUBSTITUT

Pour qui?

LE PRÉSIDENT

Pour vous.

LE SUBSTITUT

Encore une fois, Monsieur le président...

LE PRÉSIDENT, endossant sa toge

Et un peu aussi pour les autres. Car enfin, il ne faut pas nous faire d'illusions, nous écopons tous, dans l'affaire, — et dans les grands prix, qui plus est.

LE SUBSTITUT, les lèvres pincées

Croyez que j'en suis désolé.

LE PRÉSIDENT

Il n'y a vraiment pas de quoi. Êtes-vous responsable des infamies d'une presse dont le mépris universel a depuis longtemps fait justice, et s'il convient à la canaille de cracher sur les gens qui passent, est-ce que cela vous regarde? Non, n'est-ce pas?

LE SUBSTITUT, avec un sourire

Au fond, c'est mon avis.

LE PRÉSIDENT

Et le mien.

LE SUBSTITUT

Oui, hein?

LE PRÉSIDENT

Cent milliards de fois!

LE SUBSTITUT

Je suis bien aise d'être fixé. A vrai dire, je redoutais un peu le mécontentement de mes collègues. Qui dit boue, dit éclaboussures, et...

LE PRÉSIDENT, de la même voix solennelle dont il flanquerait cinq ans de prison à quelqu'un qui n'aurait rien fait

Il est des boues qui ne tachent pas!

LE SUBSTITUT

Certes!

LE PRÉSIDENT

Et quand bien même elles tacheraient, il est des gens trop haut placés par la dignité de leur vie, par la noblesse de leur caractère, par la nature même des fonctions qu'ils exercent et du mandat confié à leur austérité, pour que la moindre éclaboussure atteigne seulement jusqu'à leurs semelles.

LE SUBSTITUT

Vous êtes bien gentil de me dire cela.

LE PRÉSIDENT

Je vous le dis comme je le pense. Les attaques de l'*Intransigeant* sont aussi absurdes qu'odieuses, et vous avez pour vous tous les honnêtes gens ; il n'y a qu'une voix là-dessus. — D'ailleurs, vous êtes dans votre tort.

LE SUBSTITUT, abasourdi

Moi?

LE PRÉSIDENT

Vous pardonnerez à mon âge de sermonner un peu votre inexpérience ; mais on ne se conduit pas comme ça. (*Mouvement du substitut.*) Quand on occupe dans une ville comme Paris une situation officielle, on ne met pas sa fille chez les sœurs et son gamin chez les jésuites. Cela tombe sous le sens, sacredié!

LE SUBSTITUT

Eh! ce n'est pas moi!

LE PRÉSIDENT

Ça ne fait rien. Vous êtes dans votre tort tout de même. Quoi! vous ne comprenez pas qu'en faisant cause commune avec une classe d'individus tenus à bon droit pour suspects, vous infligez au gouvernement que vous servez l'humiliation d'un désaveu?

LE SUBSTITUT

Permettez.

LE PRÉSIDENT

Remarquez que je ne vous blâme pas.

LE SUBSTITUT, tristement ironique

Au contraire.

LE PRÉSIDENT

J'en suis à cent lieues! Je dirai plus : cette façon de procéder, en contradiction absolue avec l'esprit de votre mission, me séduit, je l'avoue, étrangement. Elle est chez vous l'indice d'une rare indépendance, d'une fierté d'âme peu commune, tout à fait à votre éloge. Et croyez bien que je n'ai pas l'intention de vous passer la main dans les cheveux. Vous me demandez mon opinion, je vous donne mon opinion, — qui est aussi, par parenthèse, celle du procureur général. Il le disait hier encore : « Il ira loin, ce garçon-là. C'est plus qu'une conscience, c'est un caractère! C'est plus qu'un homme, c'est un monsieur! »

LE SUBSTITUT

Il a dit cela, le procureur?

LE PRÉSIDENT

Tout haut!... devant quarante personnes.

LE SUBSTITUT

En parlant de moi?

LE PRÉSIDENT

En parlant de vous.

LE SUBSTITUT

Vous m'en donnez votre parole?

LE PRÉSIDENT

Je vous en donne ma parole.

LE SUBSTITUT, rêveur

Mais alors...

LE PRÉSIDENT

Quoi?

LE SUBSTITUT

Alors... alors... (*Résolument.*) Voulez-vous me permettre, Monsieur le président, de vous poser une question et de vous supplier d'y répondre avec toute la sincérité dont vous êtes susceptible? Tout de bon, là... franchement... entre nous... vous ne pensez pas que cette malheureuse campagne doive avoir pour mes... intérêts, de trop fâcheuses conséquences?

LE PRÉSIDENT

Je pense que vos intérêts sont servis par les circonstances comme jamais ne furent servis les intérêts d'un magistrat à ses débuts, et que les événements le prouveront avant peu. Mais, mon cher, réfléchissez donc. Non seulement vous bénéficiez aux yeux du garde des sceaux, d'une mise en évidence dont vous sentez tout le prix, mais, par-dessus le marché, l'acharnement féroce, l'acharnement imbécile de vos adversaires vous crée des titres exceptionnels à sa faveur et à son choix.

LE SUBSTITUT

Pourquoi?

LE PRÉSIDENT

Pour la raison bien simple que l'animosité de gens exclusivement préoccupés de saper nos institutions, constitue une affirmation éclatante de votre attachement et de votre dévouement à ces institutions mêmes.

LE SUBSTITUT

Oh! sur ce point...

LE PRÉSIDENT

Nous sommes d'accord. Le zèle dont vous êtes animé ne fait de doute pour personne, et je vous répète que votre avancement l'établira au premier jour.

LE SUBSTITUT

Tant mieux.

LE PRÉSIDENT

Seulement, c'est à la condition que cette campagne, qui n'a déjà que trop duré, ne se prolongera pas davantage.

LE SUBSTITUT

Comment!

LE PRÉSIDENT

Ah ça, est-ce que vous perdez la tête? Vous croyez que le garde des sceaux a été uniquement créé et mis au monde pour endosser vos maladresses et recevoir en pleine figure, de chenapans qui se servent de vous pour arriver jusqu'à lui et ne vous visent que pour mieux l'atteindre, des ordures et des trognons de choux?

LE SUBSTITUT, exaspéré

Mais enfin, Monsieur le président, qu'est-ce que vous voulez que je fasse?

LE PRÉSIDENT

Mon Dieu! c'est bien simple. Rien du tout!

LE SUBSTITUT

Dois-je me rendre à l'*Intransigeant* en chemise et un cierge à la main, pour y faire amende honorable?

LE PRÉSIDENT, souriant

Ce serait peut-être excessif.

LE SUBSTITUT

Puis-je, oui ou non, moi, magistrat, fonctionnaire du gouvernement, aller battre les antichambres d'une salle de rédaction et solliciter le pardon d'un folliculaire taré, nauséabond et besogneux?

LE PRÉSIDENT

Non, certes!

LE SUBSTITUT

Alors, j'en reviens à ma question. Que faire?

LE PRÉSIDENT

J'en reviens à ma réponse : rien du tout! (*Très paternel.*) Ne vous faites donc pas de chagrin, mon cher enfant. Cela me désole de vous voir comme ça!... Puisque je vous dis que vos affaires sont en excellente posture!... (*Tirant sa montre.*) Midi!... Non, mais je vous le demande, se moque-t-on du monde à ce point? Ces gaillards-là vont me faire manquer le train, c'est sûr! — Deux affaires seulement, vous dites?

LE SUBSTITUT

Deux. Une affaire entre parties; l'autre à la requête du ministère public.

LE PRÉSIDENT

Ma foi, nous n'en jugerons qu'une. Quant à la seconde, vous aurez l'obligeance d'en demander le renvoi à huitaine.

LE SUBSTITUT

Ça fera la quatrième remise.

LE PRÉSIDENT

Je ne vous dis pas le contraire. De quoi s'agit-il?

LE SUBSTITUT, consultant le dossier

C'est un espèce de farceur qui a été arrêté le

dimanche des Rameaux, devant Notre-Dame-de-Lorette, vendant du cresson pour du buis.

LE PRÉSIDENT, dans un geste large

Ça peut attendre. Vous comprenez, mon cher, qu'avec la meilleure volonté du monde, je ne peux pourtant pas obliger la Cie du P.-L.-M. à retarder le départ de ses trains.

SCÈNE II

La salle des Pas-Perdus au Palais de justice.

Au long des murs fleurant la fraicheur de la pierre, des bancs de chêne que ferment des accoudoirs luisants.

Bourdonnement de ruche en travail. Un va-et-vient confus de robes noires où tranchent les blancheurs des rabats et l'hermine des épitoges, et que fixent, de leurs yeux sans regard, les deux nobles figures de marbre accroupies aux pieds de Berrier.

L'HUISSIER, à l'avocat Barbemolle qu'il vient de rencontrer errant, la serviette sous le bras, en quête de la clientèle.

Maître Barbemolle, il me semble?

BARBEMOLLE

Maître Loyal, si je ne m'abuse?

L'HUISSIER, lui serrant la main

Pour vous servir, si j'en étais capable. Eh, eh! mon gaillard!

BARBEMOLLE

Quoi?

L'HUISSIER

Eh, eh! (*Regard étonné de Barbemolle.*) Nous en avons appris de belles.

BARBEMOLLE

Je ne sais pas ce que vous voulez me dire.

L'HUISSIER

On veut donc, homme de peu de foi, passer de la flûte au tambour? Plaquer la veuve et l'orphelin, et barboter sa petite place à ce bon M. de Saimpol-Mépié?

BARBEMOLLE, se défendant mollement

Mais non; mais non.

L'HUISSIER

Faites donc l'âne pour avoir du son! C'est extraordinaire comme ça prend! (*Renseigné et confidentiel.*) On dit que le décret a été soumis hier au Président de la République?

BARBEMOLLE

Des blagues, tout ça, des potins! (*Baillant dans le creux de sa main avec l'indifférence endormie d'un monsieur désintéressé du morne train-train de l'existence.*) Chargée, l'audience de la 12e ?

L'HUISSIER

Ouat ! — Deux causes !

BARBEMOLLE

Comment, deux causes !... Le krack des prévenus, alors !

L'HUISSIER

Le monde s'améliore peut-être.

BARBEMOLLE

Vous êtes gai dans vos pronostics ! Qu'est-ce que nous deviendrions, nous autres ? Encore, vous les huissiers...

L'HUISSIER

Oh ! nous, nous sommes tranquilles. Tant que le monde sera monde, il y aura d'honnêtes gens et nous trouverons à gagner notre vie en instrumentant contre eux.

Ils rient.
A ce moment :

LAGOUPILLE, s'approchant

Pour être jugé, s'il vous plait ?

C'est un gars râblé et trapu. Figure réjouie et mal rasée de crapule contente de soi.

Patalon à pieds d'éléphant, ,une ceinture de pompier. Pas de cravate el. Souliers de bain de mer où des lan' it sur fond mastic.

L'HUISSIER

Qu'est-ce que vous demandez, mon garçon?

LAGOUPILLE

Je suis cité.

L'HUISSIER

Quelle chambre?

LAGOUPILLE

Douzième. (*Présentant sa citation.*) V'là mon petit fafiot.

L'HUISSIER

Voyons ça.

Il lit Un temps. Enfin :

L'HUISSIER, auquel Barbemolle vient de lancer un discret coup de coude

Ça va bien. Par là, la 12e. — Ah!... Vous avez un avocat?

LAGOUPILLE

Non, j'en ai pas.

L'HUISSIER

Il faut vous en procurer un.

LAGOUPILLE

Vous croyez?

L'HUISSIER

C'est indispensable.

LAGOUPILLE

Où qu'c'est que ça se vend?

L'HUISSIER

Ma foi, vous avez de la chance. Voici Me Barbemolle, une des lumières du barreau.

LAGOUPILLE, à Barbemolle

M'sieu...

Il lui tend une main où dort une crasse antique en petites anguilles minuscules. Barbemolle, prudent, s'abstient.

L'HUISSIER

Un client, Maître Barbemolle!

BARBEMOLLE

Impossible! Mille regrets!

L'HUISSIER

Pourquoi?

BARBEMOLLE

Je suis trop occupé. J'ai de la besogne par dessus la tête.

L'HUISSIER

Un bon mouvement, sacrebleu!

BARBEMOLLE

Non!

L'HUISSIER, suppliant

Vous pouvez bien faire cela pour moi!

BARBEMOLLE

Le diable vous emporte, mon cher!... Il faut toujours être à vos ordres. (*A Lagoupille.*) De quoi s'agit-il, mon ami?

LAGOUPILLE

Monsieur, c'est une espèce d'andouille à qui j'ai mis un marron. Alors y me fait un procès.

L'HUISSIER, de qui la voix sème l'encouragement

C'est intéressant à plaider.

BARBEMOLLE, séduit, en effet

Oui... Le cas est assez nouveau. (*Brusquement.*) Ça me décide. Eh bien, c'est convenu; je me charge de votre affaire.

LAGOUPILLE

Parfait, parfait. — Dites donc, et pour les... pepètes?

BARBEMOLLE, très net

Oh! je vous en préviens tout de suite. En principe, je ne plaide pas à moins de cinquante louis. (*Fixant Lagoupille.*) Mais vous avez une figure qui me revient; vous me faites l'effet d'un brave homme;... pour vous, ce sera...

LAGOUPILLE

Six francs.

BARBEMOLLE, suffoqué

Six francs!

LAGOUPILLE

Pas un radis de plus. C'est à prendre ou à laisser.

BARBEMOLLE

Mettez en vingt.

LAGOUPILLE

Non!

BARBEMOLLE

Quinze.

LAGOUPILLE

Nib!

BARBEMOLLE

Dix!... et je vous arrange votre bonhomme, vous m'en direz des nouvelles.

LAGOUPILLE

Sans blague?

L'HUISSIER, clignant de l'œil

Marchez donc, eh farceur! Je vous dis que Me Barbemolle est une des lumières du barreau.

LAGOUPILLE

Eh bien tope là! Rossard qui s'en dédit!

BARBEMOLLE

Faites passer la braise.

Lagoupille s'exécute.

L'HUISSIER, tirant sa montre.

Et en route! Midi vingt; le tribunal va entrer en séance.

SCÈNE III

La 12e chambre correctionnelle.
Coup de sonnette.

L'HUISSIER

Le tribunal, Messieurs! Levez-vous.

Tout le monde se lève. Entrée solennelle des magistrats. Le substitut apparaît le dernier, ses dossiers sous le bras.

Le trop large ruban de son monocle lui sabre le visage d'une barre d'encre. Toujours hanté de l'idée fixe de mettre la main sur l'*Officiel*, il questionne du coin de l'œil l'huissier, qui répond négativement, d'un hochement de tête imperceptible. Long soupir du substitut.

LE PRÉSIDENT, installé entre ses deux assesseurs

L'audience est ouverte. (*A l'huissier.*) Appelez!

L'HUISSIER, à tue-tête.

Le ministère public contre Jean-Paul Mapipe! — Mapipe!

LE PAUVRE MAPIPE, au banc des prévenus et flanqué de deux municipaux

Présent!... Ous qu'est mon avocat?

L'AVOCAT DE MAPIPE, entrant par la porte des témoins

Je suis là. Calmez vous, Mapipe.

LE PAUVRE MAPIPE, au tribunal

Ça n'est pas pour vous acheter, mais vous y mettez le temps, bon Dieu! (*A l'auditoire*) : Trois remises, messieurs et dames; trois remises!... Un mois que je suis en prévention!

LE PRÉSIDENT

Maître, faites taire votre client. (*Au substitut.*) Hum!

L'AVOCAT

Un peu de silence, donc, Mapipe!

LE PAUVRE MAPIPE

Et remarquez que je l'avais fait bénir! C'était du cresson bénit!

L'AVOCAT

Silence donc!

LE PAUVRE MAPIPE, entre ses dents

Du cresson bénit, c'est pus comme de la salade.

LE PRÉSIDENT

Mapipe, levez-vous. (*Au substitut.*) Hum!... Hum! (*A Mapipe.*) Vous êtes poursuivi pour tromperie sur la qualité de la marchandise vendue. (*Au substitut.*) Hum!... Hum!... Hum!

LE SUBSTITUT, enfin rappelé au sentiment de ses devoirs

Un mot, Monsieur le Président. (*Il se lève.*) Bien qu'étant le premier à regretter les lenteurs apportées à la solution de cette affaire, je me vois dans l'obligation d'en demander le renvoi une fois de plus. Si mes renseignements sont exacts — et j'ai lieu de les croire tels — le prévenu ne serait pas un malfaiteur vulgaire; il aurait eu maille à partir avec divers Parquets de province. Une enquête a été ordonnée, dont le résultat n'est pas encore connu. Je demande donc la remise à huitaine de l'affaire soumise à votre juridiction, ne pouvant hésiter un instant entre les intérêts d'un personnage suspect, si sacrés qu'ils puissent m'apparaître, et ceux autrement importants, de la Justice et de la Loi. (*Il se rassied.*)

LE PAUVRE MAPIPE, effaré

Quoi?... Quoi?... Encore une remise?... Ah ça, vous vous payez ma gueule!

LE PRÉSIDENT, à l'avocat

Maître, invitez votre client à s'exprimer d'une façon plus convenable; c'est un service à lui rendre.

L'AVOCAT

Je sollicite l'indulgence en faveur de ce pauvre diable. Voilà un mois qu'il est sous...

Il laisse échapper sa serviette et se baisse pour la ramasser.

LE PAUVRE MAPIPE, prenant l'auditoire à témoin

Moi?... je suis saoul?

L'AVOCAT, achevant sa phrase

... sous les verroux, et son impatience légitime

en dit plus long pour sa défense que tous les arguments du monde. Au surplus, nous sommes, lui et moi, aux ordres du tribunal. Je me bornerai à faire remarquer qu'il me sera impossible de prendre la parole d'aujourd'hui en huit. Je pars lundi pour Cascassonne, où je plaide le procès Baloche.

LE PRÉSIDENT

Fort bien, Maître. A quinzaine, alors.

L'HUISSIER, dans l'auditoire, sa toque à la main

Je ferai remarquer à mon tour, que, dans quinze jours, ce sera la semaine de la Pentecôte, pendant laquelle les tribunaux ne siègent pas.

LE PRÉSIDENT

Ah diable!... (*Courte réflexion.*) Ma foi, Messieurs, tant pis! Nous n'y pouvons rien. — A trois semaines!

LE JUGE FOY DE VAUX, avec douceur

Non.

LE PRÉSIDENT, surpris

Pourquoi?

LE JUGE FOY DE VAULX

J'ai sollicité et obtenu du garde des sceaux un congé de deux mois pour raison de santé. Or, la loi frappe de nullité tout jugement rendu par un tribunal composé d'autres magistrats que ceux ayant siégé à la première audience.

LE PRÉSIDENT

C'est rigoureusement exact. Eh bien, mon cher collègue, nous attendrons votre retour pour statuer sur l'affaire Mapipe.

LE PAUVRE MAPIPE

Ce qui nous renvoie en août!

LE PRÉSIDENT

Oui! — Et encore non; je me trompe. Août, c'est l'époque des vacances.

L'AVOCAT

Renvoyons après vacations.

LE SUBSTITUT

Il n'y a que ça à faire.

LE PRÉSIDENT

Mon Dieu, oui. (*Consultant ses assesseurs.*) Hum?... Hum? (*Haut.*) Après vacation! — Emmenez, gardes!

LE PAUVRE MAPIPE, emmené par les municipaux

Cré bon Dieu de bonsoir de bon Dieu de vingt

Dieu de nom de Dieu de bon Dieu du tonnerre de Dieu de bon Dieu de sacré bon Dieu de nom de Dieu...

Il disparait.

LE PRÉSIDENT

Et d'une! — La seconde affaire, huissier.

L'HUISSIER, appelant

Alfred contre Lagoupille! — Lagoupille!

LAGOUPILLE, dans l'auditoire

Lagoupille? Présent!

L'HUISSIER

Alfred!

ALFRED

C'est moi!

L'HUISSIER

Approchez! (*A Lagoupille.*) Passez devant.

LAGOUPILLE

Merci, Monsieur l'huissier. Je me souviendrai comme vous avez été poli avec moi. — Quant à vous, Monsieur Alfred, vous vous conduisez comme un cochon. Et ça il n'y a pas d'erreur, c'est un galant homme qui vous le dit.

LE PRÉSIDENT

Qu'est-ce qu'il y a donc là-bas?

LAGOUPILLE

Il y a que M. Alfred se conduit comme un cochon!

LE PRÉSIDENT

Vous, vous allez commencer par vous taire. Vous répondrez quand on vous questionnera.

ALFRED

Bravo! C'est trop fort ça, aussi, d'être insulté par une canaille.

LAGOUPILLE

Une canaille!...

LE SUBSTITUT

Je vais être obligé de sévir.

ALFRED, à Lagoupille

Ah! vous entendez?

LE SUBSTITUT

Contre vous!

LAGOUPILLE

Ça c'est tapé.

LE PRÉSIDENT

On ne vous demande pas votre avis.

ALFRED

On a rudement raison.

LE SUBSTITUT

Ni le vôtre non plus.

LAGOUPILLE

Très bien!

LE PRÉSIDENT

Silence! Lagoupille.

LAGOUPILLE

Je ne dis rien.

ALFRED

On n'entend que lui.

LE PRÉSIDENT

Alfred, voulez-vous vous taire?

ALFRED

C'est ce que je fais.

LAGOUPILLE

On ne le dirait pas.

LE PRÉSIDENT

Lagoupille, pour la dernière fois, voulez-vous garder le silence?

LAGOUPILLE

Très bien, très bien. Je le ferme.

LE PRÉSIDENT

Quoi?

LAGOUPILLE

Mon seau de propreté. Contre la force, il n'y a pas de résistance... C'est égal, un client comme moi, un vieil habitué... en justice! Elle est un peu raide tout de même.

L'HUISSIER

Silence donc!

LE PRÉSIDENT, à Alfred

Je vous écoute. De quoi vous plaignez-vous, Monsieur?

ALFRED

Monsieur, je suis limonadier rue Notre-Dame-de-Lorette où je tiens un petit café à l'enseigne du *Pied qui remue;* maison bien notée, j'ose le dire; rien que des habitués, de braves gens qui viennent, le soir, faire la partie en prenant leur demi-tasse.

LAGOUPILLE

Vous devriez être honteux, Monsieur Alfred, de parler de vos habitués, après que vous vous êtes conduit comme un cochon avec votre plus ancien client. Et encore comme un cochon... c'est comme deux cochons que je devrais dire!... comme trois cochons!... comme quatre cochons!... comme cinq cochons... comme....

LE PRÉSIDENT

Ça va durer longtemps ce défilé de cochons? Je vous ai déjà dit de vous taire.

LAGOUPILLE

C'est bon! je le referme.

LE PRÉSIDENT

Quoi?

LAGOUPILLE

Mon seau de propreté.

LE PRÉSIDENT

Continuez, Monsieur Alfred.

ALFRED

M. Lagoupille est en effet un de mes plus anciens clients...

LAGOUPILLE

Cinq ans que je fréquente la maison! Plus de cent mille francs que j'y ai laissés!

ALFRED

... Mais Dieu sait depuis combien de temps je l'aurais flanqué à la porte, sans la crainte de faire de l'esclandre! Figurez-vous que cet espèce de sans le sou, qui n'a jamais pris plus d'une consommation...

LAGOUPILLE

Une consommation?... J'en prends sept!

BARBEMOLLE

Nous le prouverons!

LE PRÉSIDENT

Tout à l'heure, Maître.

ALFRED

Figurez-vous, Messieurs, dis-je, que cet espèce de sans le sou qui n'a jamais pris plus d'une consommation, — je jure que c'est la vérité! — est d'une exigence révoltante. Il arrive et, tout de suite, voilà la comédie qui commence : « Garçon! un café! »

LAGOUPILLE

Un café! Naturellement, un café. Si je vais au café, c'est pour prendre un café. Ce n'est pas pour prendre un lavement. (*Il hausse les épaules.*)

BARBEMOLLE

C'est évident!

ALFRED

On lui apporte son café! « Garçon les journaux!... »

LAGOUPILLE

Et après? J'ai le droit de lire les journaux, peut-être.

BARBEMOLLE

Ça crève les yeux.

ALFRED

On lui apporte les journaux; tous, notez bien, il les lui faut tous, à ce monsieur! Une fois qu'il a les journaux : « Garçon, les cartes! »

LE PRÉSIDENT

Pourquoi faire?

ALFRED

Pour se faire des réussites.

LAGOUPILLE

Si ça m'amuse, moi? C'est mon droit de me tirer la bonne aventure.

BARBEMOLLE

Parbleu!

ALFRED

On lui apporte les cartes! « Garçon, le jacquet! »

LE PRÉSIDENT

Le jacquet! Pour jouer tout seul?

LAGOUPILLE

Non, pour m'asseoir dessus.

ALFRED

Il trouve que mes banquettes sont trop basses.

LAGOUPILLE

Et trop molles. On est assis comme dans de la pommade, ça me dégoûte.

LE PRÉSIDENT

En supposant! Il me semble que le Bottin...

LAGOUPILLE

Impossible, Monsieur le président. Je m'en sers pour chercher des adresses.

LE PRÉSIDENT

Il fallait donc le dire tout de suite. Vous vous en emparez aussi?

BARBEMOLLE

Dame! mon client en a besoin pour faire sa correspondance.

LAGOUPILLE

C'est sûr.

LE PRÉSIDENT

Très bien, très bien. Achevez, Monsieur Alfred.

ALFRED

Naturellement, privés de journaux...

LE PRÉSIDENT

privés de Bottin...

ALFRED

privés de jacquet...

LE SUBSTITUT

privés de cartes...

ALFRED

... mes habitués, les uns après les autres, avaient déserté le *Pied qui remue*. Quelques-uns s'étaient bien rejetés, faute de mieux, sur le domino à quatre; malheureusement le raclement de l'os sur le marbre exaspère M. Lagoupille, en sorte que ces pauvres gens, ahuris des rappels à l'ordre et des réclamations continuelles de ce personnage, s'étaient vus rapidement contraints de renoncer à leur suprême distraction. Je les perdis à leur tour.

LE PRÉSIDENT

Je vous crois sans peine.

ALFRED

M. Lagoupille demeura donc le seul client d'une maison jadis florissante. Or, est-ce que l'autre soir, après avoir, comme à son ordinaire, accaparé tout mon matériel, il n'émit pas la prétention de me faire éteindre le gaz, disant qu'il voulait désormais être éclairé à la bougie?

LAGOUPILLE

J'ai mal aux yeux.

ALFRED

Ceci mit le comble à la mesure. Je déclarai à M. Lagoupille que j'en avais par-dessus les épaules et que je le priais d'aller voir ailleurs si j'y étais. Il me répondit...

BARBEMOLLE, se levant

Je demande la parole. J'ai une question à poser.

LE PRÉSIDENT, au substitut

Monsieur le substitut?

LE SUBSTITUT

Je n'y vois aucun inconvénient.

LE PRÉSIDENT

Parlez, Maître.

BARBEMOLLE

Je désirerais savoir si le plaignant n'a pas passé en cours d'assises, il y a une quinzaine d'années, pour attentat à la pudeur.

ALFRED, stupéfait

Moi!

LE PRÉSIDENT

Maître?...

ALFRED, hors de lui

C'est une infamie! c'est une abomination, c'est de pure scélératesse!

LE SUBSTITUT

J'invite la partie civile à user de termes plus modérés.

ALFRED, les larmes aux yeux

Mais enfin, Monsieur, c'est odieux! Je suis un honnête homme, moi! je suis un bon père de famille! On peut prendre des renseignements dans mon quartier. Et voilà qu'à cette heure, on essaye de me déshonorer devant tout le monde en répandant des bruits sur moi !

LE PRÉSIDENT

Allons, un peu de calme !

ALFRED

Monsieur, c'est ignoble.

BARBEMOLLE

Je ferai remarquer que le plaignant ne répond pas à ma question. Il préfère se retrancher derrière des invectives grossières.

ALFRED

A de pareilles insinuations, on ne répond que par le mépris.

BARBEMOLLE

Oui, enfin, vous niez ?

ALFRED

Certes, je nie !

BARBEMOLLE, avec un sourire

C'est ce que je voulais vous faire dire. Je n'insiste pas. Le Tribunal appréciera.

Il se rassoit.

LE PRÉSIDENT

L'incident est clos. Continuez! (*Long silence.*) Eh bien! parlez, Monsieur Alfred.

ALFRED, larmoyant

Parlez, parlez ! Je ne sais plus où j'en étais, moi. On me coupe la chique avec des histoires pareilles.

LE SUBSTITUT

Il faudrait en finir, cependant.

LE PRÉSIDENT

C'est mon avis.

BARBEMOLLE

Et le mien.

LE PRÉSIDENT

Où voulez-vous en venir?

LE SUBSTITUT

Aux termes de la citation, Lagoupille vous aurait frappé?

ALFRED

D'un coup de poing, oui, Monsieur; sur l'œil!

LE PRÉSIDENT

Vous avez des témoins?

ALFRED

Non.

Rires ironiques de Barbemolle.

ALFRED

Qu'est-ce que vous avez à rire, vous? Je n'ai pas de témoins? Naturellement! Où voulez-vous que j'en prenne, des témoins? puisqu'il avait fait le vide chez moi!

LE PRÉSIDENT

N'interpellez pas la défense. Vous demandez des dommages et intérêts?

ALFRED

Je demande cinq cents francs!

BARBEMOLLE, goguenard

De rente?

LE PRÉSIDENT, à Alfred

Vous pouvez vous asseoir. Levez-vous, Lagoupille! Qu'est-ce que vous avez à dire?

LAGOUPILLE

J'ai à dire que M. Alfred se conduit comme un cochon!

LE PRÉSIDENT

Vous l'avez déjà dit; ensuite?

LAGOUPILLE

Ensuite, c'est un sale menteur. Comment qu'y dit, je prends une consommation? J'en prends sept.

ALFRED

Sept!

LAGOUPILLE

Oui, sept!

ALFRED

Par semaine?

LAGOUPILLE

Par jour.

ALFRED

Vous vous fichez du monde. Citez-les donc un peu, vos sept consommations. Non, mais citez-les donc, qu'on voie.

LE PRÉSIDENT

Répondez.

LAGOUPILLE

Monsieur, c'est bien simple. J'arrive et je demande un café. Bon! On me sert un verre de café, trois morceaux de sucre, une carafe d'eau et un carafon de cognac.

LE PRÉSIDENT

Ça vous fait une consommation.

LAGOUPILLE

Ça me fait une consommation.

ALFRED

Jusqu'ici nous sommes d'accord.

LAGOUPILLE

Bon ! Je bois la moitié de mon café et je comble le vide avec de l'eau, ça me fait un mazagran. Deuxième consommation.

ALFRED

Quoi? quoi?

LE PRÉSIDENT

Laissez parler le prévenu.

LAGOUPILLE

Dans mon mazagran, je mets de l'eau-de-vie, ça me fait un gloria.

ALFRED

Ah ! ça mais...

BARBEMOLLE

Ces interruptions continuelles sont insupportables.

Je supplie la partie civile de laisser mon client s'expliquer.

LAGOUPILLE

Bon! Je prends mon deuxième morceau de sucre et je le mets à fondre dans l'eau, ça me fait un verre d'eau sucrée. Dans mon verre d'eau sucrée, je reverse du cognac, ça me fait un grog. Mon grog bu, je m'appuie un peu de cognac pur : ça me fait une fine champagne.

LE PRESIDENT

Et enfin?

LAGOUPILLE

Enfin, sur mon dernier bout de sucre, je verse le restant de mon carafon, j'y mets le feu, ça me fait un punch. Total : un café, un mazagran, un gloria, un verre d'eau sucrée, un grog, une fine et un brulot. Total : sept consommations.

LE PRÉSIDENT

C'est exact.

ALFRED

Charmant! Et la fin du compte, combien est-ce que je touche, moi? Six sous! et vous croyez que ça m'amuse, après que vous m'avez rasé toute la soirée, d'inscrire six sous à mon livre de caisse?

LAGOUPILLE

Ça vous embête? Eh! bien, prenez une caissière!

LE PRÉSIDENT

Vous reconnaissez avoir frappé le plaignant?

LAGOUPILLE

Non M'sieu. Je lui ai mis un marron, voilà tout.

LE PRÉSIDENT

A propos de quoi ?

LAGOUPILLE

Il m'avait pris par le bras pour me faire sortir de force, alors je lui ai mis un marron.

LE PRÉSIDENT

Vous ne nous aviez pas dit ça, Monsieur Alfred?

ALFRED

Mais, Monsieur le Président, il fallait bien que je l'expulse; il ne voulait pas s'en aller.

LE PRÉSIDENT

Il fallait envoyer chercher les agents de la force publique. Vous n'aviez pas le droit de vous faire justice vous-même. Taisez-vous! — Maître, vous avez la parole.

BARBEMOLLE, se lève

Plaise au Tribunal adopter mes conclusions, renvoyer mon client des fins de la poursuite et condamner la partie civile aux dépens.

Messieurs,

S'il en était de la véritable vertu comme il en est de la femme de César, elle ne serait pas soupçonnée et je ne connaîtrais pas l'honneur — compliqué, de tant d'amertume! — d'avoir à la défendre aujourd'hui devant vous. Certes, depuis bientôt trente ans, qu'apôtre du Dieu de vérité, je combats pour la bonne cause et emprunte mon éloquence (si j'ose user d'un pareil terme), aux seuls élans de mes convictions, j'ai pénétré plus d'une fois les méandres de l'âme humaine!... A cette heure (*Fixant du regard M. Alfred*), j'en touche du doigt les marécages!... Je n'abuserai pas de vos instants. Nul plus que moi n'en connaît le prix; puis, j'ai hâte de frapper le caillou (*M. Alfred épouvanté met son chapeau sur la tête*) d'où va jaillir la lumière.

L'HUISSIER, à Alfred

Votre chapeau !

BARBEMOLLE

J'aborderai donc immédiatement et sans autre préambule la discussion des griefs qui nous amènent à cette barre. M. Lagoupille est employé de l'État.

LAGOUPILLE

Moi ? Je suis lampiste !

L'HUISSIER

Chut ! chut !

BARBEMOLLE

Il appartient à l'une de ces grandes administrations que l'Europe entière nous envie — : au Ministère des affaires étrangères !! où il doit d'occuper un poste de confiance, non à de misérables intrigues, mais à ses mérites personnels ! Ah ! c'est que resté veuf après quinze mois de mariage, avec cinq enfants au berceau, il s'est imposé la mission, non seulement de donner la becquée quotidienne à ces petites bouches affamées, mais encore de prêcher d'exemple, à ces défenseurs de demain, l'amour du bien, le culte du travail, la fidélité au devoir et aux institutions libérales qui nous régissent!

Ce qu'est la vie de cet homme?

Demandez-le donc à l'aurore! Demandez-le au pesant soleil de midi! Demandez-le au crépuscule du soir, qui depuis tant d'années, chaque jour, voient perler la sueur à ce front éternellement courbé sur la tâche!!! « Mais, direz-vous, quel couronnement, à des journées si noblement remplies? Sans doute, ce chevalier du devoir, les yeux gorgés de volupté, puise dans les obscénités du vaudeville et de l'opérette, la détente qu'implore à grands cris la lassitude de son cerveau? Les glaces du pandemonium où règne en souveraine Terpsichore (j'ai nommé le Moulin de la Galette), se renvoient de reflets en reflets, les chorégraphiques ébats de cet inlassable travailleur? »

Point!...

Il se rend au café!!! A ce café du *Pied qui remue*, si humble en sa tranquillité, qu'on le croirait échappé à un dizain de l'auteur du *Passant* et de *Severo Torelli*.

LAGOUPILLE, bas

Victor Hugo.

BARBEMOLLE

Rappelez-vous la définition touchante que vous en a donnée, il y a un instant (*désignant M. Alfred*), le sous-gargottier, empoisonneur public : « *Maison bien notée; rien que des habitués; de braves gens qui viennent, le soir, y faire leur petite partie.* » Là, saturé d'alcool et de bière, demande-t-il aux fumées de l'ivresse, l'oubli des misères de la veille et des soucis du lendemain?

Non! Il prend : Une tasse de café !!! Une, vous entendez bien ? Une seule ! Et ça, Monsieur Alfred, vous ne le nierez pas; c'est vous-même qui l'avez dit!

« N'importe! votre client est un pilier de brasserie! » m'objectait tout à l'heure, avec une partialité que je suis le premier à excuser, comme il sera le premier à le reconnaître, l'honorable organe du Ministère Public.

LE SUBSTITUT

Moi?... Je n'ai pas soufflé mot de cela. Je ne sais pas ce que vous voulez dire.

BARBEMOLLE

Le tribunal me saura gré de ne relever que d'un sourire cette dénégation imprévue.

LE SUBSTITUT

Je vous somme de vous expliquer.

BARBEMOLLE

Je continue.

LE SUBSTITUT

Pas avant d'être entré dans des éclaircissements que je suis en droit d'exiger de vous.

BARBEMOLLE

Le président m'a donné la parole; ce n'est pas vous, Monsieur le substitut, qui m'empêcherez de m'en servir.

LE PRÉSIDENT

Voyons, messieurs! Je suis désolé! Monsieur le substitut, je vous en prie! Maître! de grâce...

LE SUBSTITUT

L'incident...

LE PRÉSIDENT, qui en a assez

L'incident est clos!

BARBEMOLLE

Il aura éclairé, du moins, la religion du magistrat chargé de présider cette audience. A lui de distinguer entre l'acharnement dont l'accusation fait preuve, et l'esprit de conciliation dont la défense est animée.

Je poursuis.

Mon client, dites-vous, est un pilier de brasserie? (*Muette exaspération du substitut.*) J'y consens. Mais à qui la faute?

Au gouvernement, Messieurs; je ne crains pas de le proclamer! Nous avons des salles de travail, Dieu merci! Nous avons des bibliothèques! Or, vous en défendez l'entrée, vous en interdisez l'accès, aux heures où le pauvre, précisément, serait à même d'en franchir le seuil! Et vous reprochez à Lagoupille d'aller chercher pour y assouvir son amour passionné de l'étude, l'atmosphère pestiférée d'un estaminet de quinzième ordre? Dérision! Dérision amère! A ce café du *Pied qui remue* où il ne vient pas pour boire, il ne vient pas non plus pour jouer! IL VIENT POUR LIRE LES JOURNAUX! TOUS LES JOURNAUX, SANS EXCEPTION! Les débats l'ont établi, et cela encore, Monsieur Alfred, vous qui niez tout, vous qui niez toujours, vous ne le nierez pas, j'espère.

J'ai fini!

Et voilà l'homme qu'on fait asseoir sur ce banc

d'ignominie? l'homme que de misérables rancunes voudraient livrer à vos rigueurs? Je livre moi à vos dégoûts la bassesse de tels calculs.

Je persiste avec confiance dans mes conclusions.

Il se rasseoit.

LE PRÉSIDENT

La parole est au ministère public.

LE SUBSTITUT, qui depuis un instant déjà était plongé dans la lecture de *l'Officiel* que lui avait apporté l'huissier vers la fin de la plaidoirie.

Ça y est!

LE PRÉSIDENT

Quoi?

LE SUBSTITUT

Je suis révoqué..

LE PRÉSIDENT

Révoqué!

LE SUBSTITUT

Lisez vous-même.

LE PRÉSIDENT, après avoir lu

C'est ma foi vrai. D'ailleurs, ça n'a rien qui me surprenne. Vous savez ce que je vous ai dit. Mes condoléances sincères.

BARBEMOLLE

J'y joins les miennes.

LE SUBSTITUT, aigre doux

Je vous en remercie d'autant plus que vous êtes nommé à ma place.

BARBEMOLLE

Moi !

LE SUBSTITUT

Parfaitement.

LE PRÉSIDENT

C'est exact. Tenez. (*Il lui passe l'*Officiel.)

BARBEMOLLE, lisant

DÉCRET PRÉSIDENTIEL : *Me Barbemolle, avocat au Barreau de Paris, est nommé substitut du procureur de la République, en remplacement de M. Saimpol-Mépié, révoqué.*

LE PRÉSIDENT

Tous mes compliments.

LAGOUPILLE

Et les miens!

BARBEMOLLE, au substitut

Mon cher prédécesseur, voici votre journal.

LE SUBSTITUT

Voici ma toque.

LE PRÉSIDENT

Comment, vous nous quittez déjà?

LE SUBSTITUT

Je serais le dernier des imbéciles si je continuais à servir, fût-ce une minute, un gouvernement qui se conduit avec moi...

LAGOUPILLE

Comme un cochon!

LE SUBSTITUT

J'allais le dire. Adieu, je vais traduire Horace. Que le Seigneur vous tienne en santé et en joie. (*Il sort.*)

LE PRÉSIDENT

Serviteur! — Il a l'air vexé.

L'HUISSIER

Plutôt!

LE PRÉSIDENT

Tout de même, il n'est pas gentil. Nous voilà obligés de renvoyer à plus tard les débats de l'affaire Lagoupille...

BARBEMOLLE

Pourquoi ?

LE PRÉSIDENT

Je ne puis rendre un jugement qui serait certainement infirmé par la Cour de Cassation, le tribunal n'étant plus au complet.

BARBEMOLLE, très simple

Je suis là.

LE PRÉSIDENT

Je le vois bien.

BARBEMOLLE

Alors ?

Un temps.

LE PRÉSIDENT

Je n'ose comprendre.

BARBEMOLLE

C'est pourtant clair.

LE PRÉSIDENT

Vous songeriez...

BARBEMOLLE, avec la plus grande noblesse

Je croirais manquer à tous mes devoirs, si je ne répondais, dès son premier appel, à la confiance qu'a daigné me témoigner le gouvernement de la République.

LE PRÉSIDENT, estomaqué

Puisqu'il en est ainsi... (*désignant le siège, resté libre, de M. Saimpol-Mépié*)... la place est encore chaude.

Barbemolle sourit, s'incline, après quoi, sa serviette sous le bras, il escalade les degrés de l'estrade des magistrats.

LE PRÉSIDENT

Vous êtes prêt à requérir?

BARBEMOLLE

Je suis aux ordres du tribunal.

LE PRÉSIDENT

Dont acte. L'audience continue. — Monsieur le substitut, vous avez la parole.

BARBEMOLLE, debout

Après la plaidoirie si éloquente et si persuasive que vous venez d'entendre, je ne saurais m'illusionner sur la difficulté de la tâche qui m'incombe. Si loin de la main qu'il m'apparaisse, j'atteindrai cependant, je l'espère, au but que je poursuis ici; avec l'aide du Dieu de justice dont je suis l'indigne interprète! «J'emprunte mon éloquence à ma seule conviction», vous a déclaré le défenseur. J'emprunterai la mienne, je le jure, à ma seule sincérité.

J'arrive sans plus de préambule à la discussion des faits.

A l'aide d'habiletés oratoires — que je proclame et réprouve à la fois — mon honorable contradicteur vous a tracé de Lagoupille une silhouette quelque peu flatteuse, j'oserai dire quelque peu flattée. Homme de bien! chevalier du devoir! père de cinq enfants en bas âge! Voici, je l'avoue, des titres peu communs à la clémence du juge éclairé et intègre chargé de présider ces débats. Quel homme serait-il, en effet, s'il tenait sa porte fermée à la vertu venant lui demander droit d'asile, ses lettres de créance à la main? Malheureusement entre le portrait et le modèle, il y a place pour une lamentable, pour une écœurante vérité! Nous avons assez ri, passons aux choses sérieuses. Les feux d'artifices sont éteints, faisons à présent de la lumière! Je n'irai pas par quatre chemins. Lagoupille, l'honnête Lagoupille, est ce qui s'appelle une gouape dans les meilleures sociétés. Lampiste par profession (car il n'est pas plus fonctionnaire qu'il n'est père de cinq enfants), lampiste, dis-je, par profession, mais ivrogne par caractère, il est, mon Dieu, comme Grégoire : il passe tout son temps à boire. Et ce n'est pas lui qui me donnera le dementi? Avec ce tranquille cynisme propre aux alcooliques invétérés, il vous l'a déclaré lui-même : au seul café du *Pied qui remue* (ab uno disce omnes), depuis des années, chaque soir, il absorbe sept consommations ! Vous avez bien entendu; sept consommations par soirée! Soit quarante-neuf par semaine ! deux cent dix par mois! deux mille cinq cent cinquante-cinq par an; et deux mille cinq cent soixante-deux quand l'année est bissextile !

Encore, si la conscience des turpitudes dont il s'abreuve (je chercherais vainement un plus adequat à la nature de mon sujet) lui criait de les aller cacher, comme on cache une plaie fétide, en les ténèbres d'un bouge !... Je vous crierais, moi : « Pitié ! car toute étincelle n'est pas morte ! Grâce ! car en cette pudeur suprême, il nous est permis de saluer un espoir de rédemption!!! » Mais non! Portant fièrement la honte d'être abject, c'est sous le regard des honnêtes gens qu'il prétend étaler son vice, en ce café du *Pied qui remue*, dont la défense, si éloquemment, tout à l'heure, évoquait la vision charmante, j'oserai presque dire familiale! Car il faut à la corruption cette triste volupté : corrompre! (*Désignant Lagoupille du doigt :*) Il faut le lit chaste de la vierge à l'opprobre de cette fille publique! Il faut le calice de la rose à la bave de cet escargot !

Bien mieux! fleur de débauche et de fainéantise, incarnation du pâle voyou, dont jadis le poète des *Iambes* marqua la hideur au fer rouge, en un vers qui ne périra pas, cet homme méprisable, taré, essaie d'arracher par surprise, à l'ignorance de la foule, un peu de cette considération dont est affamée l'infamie! Tel un porc qui aurait volé pour s'en revêtir la robe auguste du lion, il ne craint pas de se faire passer pour fonctionnaire de l'État! souillant ainsi, ah! songez y, songez y, je vous en conjure! l'antique prestige de notre administration nationale, et sapant d'une main meurtrière les bases mêmes de la société!

J'ai dit.

Le prévenu, spontanément, a reconnu les faits

qui lui sont reprochés. Je n'ai donc pas à en discuter l'évidence. Je me bornerai à appeler sur lui les sévérités de la loi et à revendiquer de votre esprit de justice un châtiment exemplaire, au nom des intérêts immenses qui en dépendent...

Il s'assied.

LE PRÉSIDENT, à Alfred

Vous n'avez rien à ajouter?

ALFRED

Non, Monsieur le Président.

LE PRÉSIDENT, à Lagoupille

Et vous?

LAGOUPILLE

Je réclame mes dix francs.

BARBEMOLLE, plein de dignité

Louis XII ne paie pas les dettes du duc d'Orléans.

LAGOUPILLE

Eh! bien, il se conduit comme un cochon.

LE PRÉSIDENT, sévère mais juste

Vous n'êtes pas ici pour apprécier l'histoire. (*Il se recouvre et prononce.*)

Le tribunal, après en avoir délibéré conformément à la loi;

Attendu qu'Alfred, limonadier à Paris, a introduit une plainte contre Lagoupille, comme ayant reçu de celui-ci...

LAGOUPILLE, à mi-voix

Un marron!

LE PRÉSIDENT

Un marron... Euh! Taisez-vous donc, Lagoupille!... *un coup de poing en plein visage, qu'il s'est porté partie civile et qu'il réclame cinq cents francs de dommages et intérêts;*

Attendu qu'il appert clairement des débats que Lagoupille, par le désagrément de son commerce et ses exigences sans nom, a réussi à mettre en fuite la clientèle ordinaire du café du Pied qui remue *et contribué ainsi, dans une large mesure, à la déconfiture de cet établissement; que, dans ces conditions, les prétentions d'Alfred ne paraissent nullement excessives;*

ALFRED, à part

Si j'avais su, j'aurais demandé dix mille francs.

LE PRÉSIDENT

Attendu enfin que Lagoupille ne nie point s'être

livré sur la personne du limonadier Alfred à la voie de fait que est l'objet de la poursuite ; qu'il semble venir de lui-même se placer sous le coup de la loi et qu'il y aurait lieu, dès lors, de lui faire application de l'article 311 *du Code Pénal ainsi conçu :* « LORSQUE LES COUPS ET VIOLENCES EXERCÉS N'AURONT OCCASIONNÉ AUCUNE MALADIE, LE COUPABLE SERA PUNI D'UN EMPRISONNEMENT DE SIX JOURS A DEUX ANS » ;

ALFRED, à part

Deux ans de prison ! Deux ans de prison !

LE PRÉSIDENT

Mais, d'autre part, considérant qu'Alfred ne justifie de l'acte de brutalité dont il aurait été victime, ni par un témoignage, ni par un procès-verbal, ni par un certificat de médecin;

Que le juge ne saurait, sans contrevenir gravement à la procédure en usage et notamment aux articles 154, 155 *et* 189 *du Code d'Instruction Criminelle, accueillir une réclamation dont le bien fondé n'est établi que par les affirmations de l'intéressé;*

Considérant d'ailleurs que si, en réalité, Alfred a reçu...

LAGOUPILLE, à mi-voix

Un marron...

LE PRÉSIDENT

Un marron! je vais vous faire sortir Lagoupille!... *un coup de poing dans la figure, il n'a eu que ce qu'il méritait, ayant par ses provocations, ainsi qu'il l'a reconnu lui-même, contraint et forcé Lagoupille à user de son droit de légitime défense;*

LAGOUPILLE, à demi-voix

Très bien!

LE PRÉSIDENT

Attendu qu'il argue en vain du refus opposé par Lagoupille à ses invitations d'avoir à quitter sur l'heure le café du Pied qui remue;

Qu'en effet, aux termes de nombreux jugements confirmés par autant d'arrêts de cour d'appel, un café étant un lieu public, pleine et entière liberté est laissée à tout un chacun, non seulement d'y pénétrer, mais encore d'y séjourner aussi longuement qu'il juge à propos, à charge par lui, bien entendu, de n'y faire aucun scandale;

LAGOUPILLE

Très bien!

LE PRÉSIDENT

Considérant qu'en l'espèce, Lagoupille, en aucune circonstance, ne semble avoir scandalisé la moralité des clients du café du Pied qui remue, *soit par la licence de ses propos, soit par l'inconvenance de ses gestes, soit par l'exhibition publique des intimités de son individu; que, par conséquent, en tentant de l'expulser de force, Alfred a outrepassé les pouvoirs que lui confèrent la jurisprudence et les règlements de police;*

Par ces motifs;

Acquitte Lagoupille;

LAGOUPILLE

Très bien!

LE PRÉSIDENT

Déclare Alfred mal fondé en sa plainte; l'en déboute et le condamne aux dépens. » — L'audience est levée.

GODEFROY

GODEFROY

A Séverine.

Sur un coup de sifflet du contrôleur, l'omnibus s'est ébranlé. Ses roues tournent dix fois sur elles-mêmes, et aussitôt une voix de femme :

— Pssst !...

C'est Mme Poisvert, personne à la face élargie de majesté et de noblesse. Elle est flanquée de son fils Godefroy, long jeune homme de dix-neuf ans, dont un duvet léger et mou encadre la face ingénue. Il tient, pressé sur son sein, un énorme pétunia en pot.

La mère et le fils, l'un suivant l'autre, s'élancent à l'assaut du marchepied et disparaissent à l'intérieur de la voiture où deux places restaient à prendre : l'une tout de suite à gauche en entrant; l'autre tout au fond, sous le cocher. C'est en faveur de cette dernière que Mme Poisvert se prononce.

L'omnibus se remet en route. Une sérénité souriante illumine et, pendant cinq minutes encore, illuminera la lèvre en fleur de la mère. Par contre, le fils semble absorbé dans une douloureuse rêverie. Ses regards, chargés d'inquiétude, errent éplorés de droite et de gauche, et de minute en minute se reportent sur le pétunia, qu'ils accablent d'une muette haine.

Enfin, entre ses dents serrées :

GODEFROY, à soi-même

Saleté de pétunia! Saleté de pétunia!... De quoi est-ce que j'ai l'air, avec ce pétunia?...

L'OPINION PUBLIQUE, mentalement

Ce jeune homme au front revêtu
D'une auréole si pudique,
Marche fièrement, tout l'indique,
Dans le sentier de la vertu.

La candeur luit sur son front blême.
Qu'il soit un exemple pour nous!...
La fleur qu'il tient sur ses genoux
De son âme chaste est l'emblème.

GODEFROY, à soi-même

De quoi j'ai l'air? (*Amèrement ironique.*) Je ne le sais parbleu que trop!... J'ai l'air d'une tourte, c'est bien simple... Saleté de pétunia! Saleté de pétunia!... Mon Dieu! que c'est assommant d'aller souhaiter sa fête à Mme de Grignottrais!

A ce moment :

MADAME POISVERT, à l'autre bout de la voiture

Godefroy!

L'appel se perd dans le fracas des vitres secouées.

MADAME POISVERT, quatre tons plus haut

Godefroy !

GODEFROY, à part

Bon ! Voilà encore maman qui va m'interviewer d'un bout à l'autre du tramway. Feignons n'avoir pas entendu.

MADAME POISVERT, à tue-tête et agitant l'air de ses bras

Godefroy ! Godefroy !

L'OPINION PUBLIQUE, mentalement

Celui dont l'invisible main
Gouverne les gens et les choses
Nous a placés, comme des roses,
Vieille auguste, sur ton chemin.

O femme à la face élargie
De noblesse et de majesté,
Parle haut !... — Ton âge est lesté
D'une expérience assagie.

MADAME POISVERT
la voix étranglée dans de rauques mugissements

Godefroy ! Godefroy ! Godefroy !

GODEFROY, résigné, à part

Allons !... Pas moyen d'éviter. (*Haut.*) Qu'est-ce qu'il y a ?

MADAME POISVERT, *qui joint le geste à la parole*

Le pétunia !

GODEFROY, *la main au pavillon de l'oreille*

Quoi ?

MADAME POISVERT

Le pétunia !

GODEFROY, *même jeu*

Qu'est-ce que tu dis ?

MADAME POISVERT

Le pétunia ! !

GODEFROY

Le pétunia ? (*Mimique affirmative de Mme Poisvert.*) Eh bien quoi, le pétunia ?

MADAME POISVERT

Prends bien garde à ne pas l'abîmer ! N'oublie pas que nous allons l'offrir, pour sa fête, à Mme de Grignottrais !

GODEFROY

Mais oui, mais oui ! Sois donc tranquille ! (*A part.*) J'aime bien maman, mais, cré nom ! qu'elle est agaçante !... Quel besoin, non, mais quel besoin d'aller dire devant tout le monde que nous allons souhaiter sa fête à Mme de Grignottrais ?

L'OPINION PUBLIQUE, mentalement

Vous de qui reflètent les traits
Les mêmes puretés d'apôtres,
Portez nos vœux avec les vôtres
A Madame de Grignottrais.

Fils cent fois tendre, mère heureuse,
L'un de l'autre à ce point épris,
Vous évoquez en nos esprits
L'HEUREUSE FAMILLE de Greuze !

GODEFROY, à soi-même

Une chose me met hors de moi, c'est la pensée que Mme de Grignottrais va encore me forcer à essuyer le plâtre dont elle a soin de peindre et d'orner son visage, pour réparer des ans l'irréparable outrage. Ayant simulé la surprise d'une personne qui était à cent lieues de soupçonner les événements : « C'est donc ma fête ? s'écriera-t-elle en nous voyant surgir sur le seuil de la porte, maman, le pétunia et moi. Quelle surprise inattendue et quel pétunia superbe ! » Là-dessus elle se fera un devoir de m'attirer entre ses bras et de me faire essuyer le plâtre. Abominable perspective !... *(L'œil écarquillé sur un rêve.*) Ah! pourquoi ne puis-je être quitte avec un coup de pied dans le derrière ? Que je savourerais avec volupté cette humiliation libératrice!

LE CONDUCTEUR

Places si vouplaît!

MADAME POISVERT

Godefroy ! Godefroy !

GODEFROY, à soi-même

Ça recommence ! (*Haut.*) Qu'est-ce que tu veux?

MADAME POISVERT, désignant de son doigt le conducteur

Le conducteur!

GODEFROY

Le conducteur?

MADAME POISVERT

Oui, le conducteur.

GODEFROY

Eh bien! quoi, le conducteur ?

MADAME POISVERT

Il vient réclamer le prix des places.

GODEFROY

Je le vois bien.

MADAME POISVERT

Paye pour nous deux; je te rendrai ça en rentrant.

GODEFROY, agacé

Bon! bon! (*Il tire son porte-monnaie.*)

MADAME POISVERT

Tu m'y feras penser.

GODEFROY

Oui.

MADAME POISVERT

Tu me rappelleras en même temps que je te dois déjà huit sous. Tu sais, pour la farine de lin... (*Mutisme systématique de Godefroy.*)... le jour où tu avais un clou... (*Même jeu de Godefroy.*) Je t'ai posé un cataplasme; est-ce que tu ne te souviens pas?

GODEFROY, les mâchoires pareilles à un étau

Ah! Dieu puissant! Ah! Vierge sainte! (*Au conducteur.*) Voilà vingt sous. Vous me donnerez deux correspondances.

MADAME POISVERT, debout et haranguant

Dans quelques mois, tu seras un homme: apprends donc à ne plus te conduire en enfant ainsi que tu as coutume de le faire. Compte avec soin la monnaie qui te revient. Un sou et un sou font deux sous ; plus tu entreras dans la vie, plus tu te sentiras pénétré de la vérité de cette parole. Mais garde-toi de te méprendre au sens du discours que je te tiens. La fois où nous avons dîné avec du foie de veau aux carottes, le tripier nous a colloqué une pièce démonétisée ; n'essaye pas de la repasser au conducteur. Ce serait une mauvaise action, et les mauvaises actions, Godefroy, retombent toujours sur le nez de ceux qui les ont commises.

GODEFROY, à soi-même, éploré

Je voudrais être assis à l'ombre des forêts.

L'OPINION PUBLIQUE, mentalement

Tel, sous l'azur des ciels limpides
Que parcourt le vol des ramiers,
Avril voit les fleurs des pommiers
S'écrouler en neiges rapides,

Tel, nous voyons, émerveillés,
Crouler, à torrent, des lumières !...
Il pleut des Vérités Premières :
Tendons nos rouges tabliers.

Un temps. Godefroy se calme.
Suite du temps. Godefroy se rassérène.

Temps interminable. Godefroy s'épanouit. Soudain :

MADAME POISVERT

Godefroy ! Godefroy ! Godefroy !

GODEFROY, désespéré

Oh !... (*Haut.*) Eh bien, qu'est-ce qu'il y a encore ?

MADAME POISVERT
d'une voix qui sonne comme un appel de trompette

Est-ce que tu as pensé à changer de chaussettes ?

THÉODORE

THÉODORE

A Bertol Graivil.

SCÈNE PREMIÈRE

Un escalier, la nuit. Ténèbres profondes. Trois heures sonnent à l'horloge d'une église voisine.

THÉODORE, vingt ans

Trois heures. J'en ai une santé, de rentrer à trois heures du matin. Je vais être bien reçu par papa!

Il est ivre que c'en est une désolation! Et péniblement, marche par marche, il s'efforce d'accomplir l'ascension de son escalier, regagnant le domicile paternel, où il occupe une petite chambre.

C'est bête, aussi, s't'osss...sination à ne pas vouloir me donner la clé. Le diable serait là, je ne suis plus un enfant... je sais me conduire dans l'existence.

Il bute et s'étale.

Flûte !

Il se relève, puis, froidement.

Pas moi... qui glisse ; c'est l'escalier.

L'averse qui redouble, mitraille d'invisibles carreaux.

Je sais bien que je suis un peu dans les brindezingues, mais quelle importance ça a-t'y, puisqu'on ne s'en aperçoit pas?... Oh! c'est que, moi, j'ai ça d'agréable : je peux avoir mon compte, bien pesé, impossible qu'on s'en aperçoive... Bon œil! bon pied!...

Il bute de nouveau. Même jeu que précédemment.

Volaille d'escalier!... — et pas le moindre embarras dans la langue;... sauf pour certains mots difficiles, comme... l'osssstination, par exemple. — Ce n'est pas que je ne puisse pas les dire. (*Geste hautain.*) Non. C'est que, véritablement, on ne peut pas les prononcer. La langue française est pleine de difficultés. Tous les étrangers vous le diront.

Un palier se présente.

Un palier!

Il s'arrête. Il souffle. Soudain :

Ah çà ! mais quel étage donc q'c'est? (*Terrifié.*) Bon sang ! J'en ai une santé...; j'sais pus à quel étage je suis?... C'est pas que la mémoire me manque. (*Geste dédaigneux.*) Non. Seulement, voilà ce qui arrive : tout le temps la tête me travaille, je pense à trente-six choses à la fois, et puis va-t'en voir s'ils viennent !... Cré nom d'un chien de nom d'un chien!... Va falloir que je redescende !... (*Illuminé*) : Oh ! une idée !

Il étend le bras. De sa main qui tâtonne il soulève une boîte au lait pendue à un bouton de porte, la décroche et la lâche par la dégringolade de l'escalier.

THÉODORE, comptant les paliers aux sourds ronflements du fer-blanc

Un... deux... trois... quatre. Elle est arrivée. Je suis chez nous. — Eh ! en effet, je sens le pied de cerf de papa. Sonnons !

Coup de timbre retentissant; puis, long silence. Théodore s'endort tout debout, les bras tombés le long des cuisses et le bord de son chapeau calé au panneau de la porte. Soudain, à ses pieds, un mince fil de lumière, et aussitôt :

UNE VOIX

Qui est là ?

THÉODORE, réveillé en sursaut

... éodore.

Tour de clé. La porte s'ouvre, laissant voir la silhouette imposante de l'homme de bien auquel Théodore doit le jour. Il est vêtu d'une chemise de flanelle, chaussé d'élégantes espadrilles. Il tient à la main une bougie.

LE PÈRE

Te voilà? Ce n'est pas trop tôt.

THÉODORE

qui prudemment évite de se lancer dans un discours prolixe :

... soir !

LE PÈRE

Est-ce que tu te fiches du monde, de rentrer à des heures pareilles ? Ta mère est dans un état !...

THÉODORE

... pas tard. (*Il secoue son chapeau.*)

LE PÈRE

Pas tard !... — Tu me lances de l'eau. Fais donc attention ! — ... Il est trois heures du matin !

THÉODORE, feignant la surprise

Non ?

LE PÈRE

Je te dis qu'il est trois heures du matin !... C'est la cinquième fois que ça t'arrive, depuis le commencement du mois, de rentrer à des heures indues; mais j'en ai assez, je te préviens ! Tâche un peu à recommencer : je te refourre à Louis-le-Grand, tu verras si ça fait un pli. Bougre de polisson!... Propre à rien!... — D'abord, d'où viens-tu?

THÉODORE

Tu dis?

LE PÈRE

D'où viens-tu?

THÉODORE

... dîné en ville.

LE PÈRE

Où?

THÉODORE

Rue... (*A part.*) Un mot difficile. (*Haut.*) Rue... (*A part*). Je ne pourrai pas y arriver.

LE PÈRE

Rue quoi?

THÉODORE, affectant une grande désinvolture

— Je ne sais pas si tu as remarqué comme la langue française est bête.

LE PÈRE, stupéfait

Qu'est-ce qui te prend?

THÉODORE

Je constate un fait.

LE PÈRE, hors de lui.

Je vas te flanquer mon pied au derrière!... En voilà un polichinelle! Je lui demande où il a dîné, il me répond : « Je constate un fait ». Est-ce que tu me prends pour un Cassandre?

THÉODORE

Oh!... Papa!... — J'ai dîné... (*Violent effort que couronne un demi-succès.*) J'ai dîné rue de... Iroénil.

LE PÈRE

Rue de Iroénil?

THÉODORE, qui a dîné rue de Miromesnil

Oui.

LE PÈRE, après avoir rêvé

On apprend à tout âge. Voilà quarante-cinq ans que j'habite Paris; du diable si j'eusse soupçonné l'existence de cette rue bizarre!... Enfin! — Et ensuite, qu'as-tu fait? Car tu n'es pas resté à table jusqu'à trois heures du matin, je pense?

THÉODORE

Non. — Je suis allé avec des camarades entendre de la grande musique.

LE PÈRE

Où ?

THÉODORE

A Montmartre.

LE PÈRE

Quelle rue ?

THÉODORE

Rue de la... Rue de la... (*A part.*) Zut. Encore un mot difficile... Saleté de langue !

LE PÈRE

Eh bien ! quand tu voudras ?

THÉODORE, qui s'obstine en vain à essayer d'articuler ces mots : *Rue de la Tour-d'Auvergne*, et qui finit par y renoncer :

Y a pas des moments où tu regrettes de n'être pas Espagnol ?

LE PÈRE

Pourquoi ?

THÉODORE

Dame !... à cause de cette saleté...

LE PÈRE

Quelle saleté ?

THÉODORE

... Saleté de langue française.

LE PÈRE

Çà recommence!!!

THÉODORE

Mais, dame!...

LE PÈRE

le front soudainement barré d'une ride soupçonneuse

Regarde-moi donc un peu. (*Éclatant.*) Ah çà! mais, Dieu me pardonne, tu_es ivre comme la Pologne!

THÉODORE

Moi?

LE PÈRE

Tu sens le fond de baril à en tomber asphyxié.

THÉODORE

La foudre s'écroule à mes pieds si j'ai bu autre chose qu'une gomme!

LE PÈRE, exaspéré

Retire-toi de mes yeux!... Va te coucher!

THÉODORE, plaintif

Ce n'est pas bien, ce que tu fais là. Tu profites de ce que tu es mon père pour me dire des choses blessantes et pour m'abreuver d'hu..., d'hu..., d'hu...

(*Nouvelle lutte valeureuse de Théodore avec le mot* HUMILIATIONS, *lequel ne veut rien savoir.*) d'hu..., d'hu...

LE PÈRE, furieux

D'hu..., d'hu... Au lit, vaurien ! Au lit !

THÉODORE

Saleté de langue française !... Saleté de langue française !

Bruit mou d'un fort coup d'espadrille aplati en un fond de culotte et disparition de Théodore par l'entrebâillement d'une porte latérale.

SCÈNE II

La chambre de Théodore

THÉODORE, plongé dans la nuit

Ça y est ! Il n'y a vu que du feu !... Non, mais croyez-vous que j'en ai une?... Croyez-vous que j'en ai une santé ! — Où sont les allumettes ?... — Ça, je peux le dire hardiment : pour ce qui est d'avoir une santé et de faire la blague avec un verre dans le nez, à moi le pompon, y a pas d'erreur... — Ah çà, où diable la femme de ménage a-t-elle fourré les allumettes?

Les pieds traînés sur le plancher, les doigts écarquillés

devant lui, il avance péniblement, avec la crainte de se cogner le nez dans un pan de mur inopportun.

Soudain, sa main, heurtée, se fixe, refermée, sur l'arête vive d'un obstacle. C'est la table, encombrée de paperasses et de bouquins, où ce futur jurisconsulte potasse quelquefois les *Pandectes*.

La cheminée!... Le porte-allumettes n'est pas loin.

Sa main erre et frôle, en aveugle.

C'est rigolo; je trouve la cheminée et je ne trouve pas le porte-allumettes. — Ah! le voilà!

Il plonge ses doigts dans l'encrier.

Non!

Après mûres réflexions.

C'est un œuf. — Si je connaissais le propre-à-rien qui m'a fichu un œuf sur ma cheminée, je lui apprendrais mon nom de baptême. Y a pas de bon sens! Une cheminée, c'est pas une place à mett' des œufs.

Pris de pitié, il hausse les épaules; sur quoi, passe sans transition à un autre genre d'exercices :

J'ai rudement rigolé, cré nom!... Trouduc a été épоilant! Et Gagadois encore plus! Et Lucuchet encore plus! Quant au consul, c'est bien simple : j'ai jamais rien vu d'aussi saoul. Quelle cuite!...

Très gentil, d'ailleurs. Et aimable! et simple! et correct!... sauf quand il a voulu entrer dans un fiacre en passant par la lanterne. (*Il pouffe.*) Croyez-vous, non, mais croyez-vous, cette idée d'entrer dans un fiacre en passant par la lanterne!

Tout en parlant, il s'est éloigné de sa table. A cette heure, le nez au mur, il tâte d'une main hésitante le bouton de cuivre d'un placard qui lui sert à la fois de bibliothèque et de garde-manger et où, parmi un pêle-mêle confus de brochures, bouteilles vides, journaux de droit et autres, un morceau de gruyère, au haut d'une pile d'assiettes, transpire mélancoliquement.

La fenêtre!... Si je donnais un peu d'air.

Il ouvre le placard et, longuement, il aspire, selon l'expression du poète :

Le souffle parfumé des nuits pures et calmes.

A la fin :

Drôle de printemps! Il fait noir comme dans un four et ça sent le gruyère à plein nez. Jamais vu un mois de mai pareil.

Il referme :

Et le plus chouette, c'est qu'il engueulait le cocher. Comme il lui disait : « T'es pas fou? Comment veux-tu que je passe par une portière pareille? Je pourrais pas y fourrer mon poing. » On est bête quand on est saoul. N'importe; j'ai rudement rigolé. (*Solennel.*) Personne, — vous entendez?... personne! — ne peut se faire une idée à quel point j'ai rigolé! J'ai rigolé comme pas un client au monde ne peut dire qu'il a rigolé! Je le jure... (*Il étend les bras et renverse la lampe.*) Zut! j'ai cassé le pot à eau! — ... sur la tombe de ma grand'mère, et le premier qui n'est pas de mon avis n'a qu'à venir me le dire en face. Je lui apprendrai mon nom de baptême.

Brusquement :

Ah! çà, mais je vois rien du tout, moi. Est-ce que je vas passer la nuit à chercher des allumettes? Rosse de femme de ménage qui me les a cachées exprès pour me faire une blague! Elle aura de mes nouvelles, la femme de ménage. C'est le jour de l'an dans huit mois, tu parles si j'y fous des étrennes. La peau, oui!... et mon nom de baptême!... avec les trente-deux manières de s'en servir. Où q'c'est qu'elle a pu les fourrer? Où q'c'est qu'elle a pu les fourrer?

Il chante :

Pour boire à notre belle France,
Amis, versez-moi du veau froid.

S'interrompant :

Avec ça, j'ai comme une idée que j'ai reçu un coup de pied dans le cul. Mais où?

Frappé d'une idée :

Ah!... Dans la table de nuit!

Et comme, à ce moment, il effleure justement de ses doigts le marbre de la cheminée :

La voilà, la table de nuit.

Il s'accroupit, et, à quatre pattes, il s'engouffre dans la cheminée dont le tablier est levé.

Très long silence.

L'horloge d'une église lointaine meugle, avec une lenteur sinistre, les trois quarts avant quatre heures.

THÉODORE, fouillant à la fois les cendres de l'âtre et le chaos de ses souvenirs

Impossible de me rappeler qui est-ce qui m'a botté les fesses. Le consul?... Ça me surprendrait de la part d'un personnage rompu de longue date, par profession, aux procédés diplomatiques. Gagadois?... Je n'honorerai pas d'une semblable supposition la pusillanimité bien connue de ce professeur de taf. Alors, qui?... Lecuchet?... Des fois!... Et encore, non? Je l'ai remis chez lui, Lecuchet. A preuve qu'il voulait à toute force refermer sa porte cochère, non en la ramenant à lui, du vestibule où il était, mais en la poussant, au contraire, de la rue, où il n'était plus, à l'aide de son bras faufilé entre la porte et le chambranle!!! Quel type, encore, celui-là? Le coude comme dans un étau : « Je vas ficher congé, moi, qu'il criait. La porte cochère ne ferme plus. On n'est pas en sûreté chez soi, c'est dégoûtant! » (*Simple et satisfait.*) Oui; ah! j'ai plutôt rigolé. Seulement, si ça continue, je vas attraper des rhumatismes. Quel vent!

De son dos arrondi en faîte de tonnelle, il ébranle dans ses coulisses le tablier de la cheminée, lequel lui déchaîne sur la nuque un vacarme de cataclysme.

Oh! l'orage!

Il fait le signe de la croix.

Et toujours pas d'allumettes! Non!... ce vent! Y a de quoi en crever! D'où diable que ça peut bien venir?

Étonné, il lève la tête, et, — ô stupeur! — au-dessus de lui, c'est un prolongement d'ombre dense, compacte, s'achevant sur le noir de la nuit et encadrant exactement le disque éblouissant de la lune!

Qu'est-ce que c'est que ça?

Un temps.
Puis

THÉODORE, à la fois égayé et inquiet

En voilà une table de nuit!... Il y fait autant de

courants d'air que sur la porte Saint-Martin, et on voit le pot de chambre au travers!

SCÈNE III

Le même décor, vu de jour. Un rideau de cretonne tiré devant la fenêtre arrête et colore au passage la clarté du beau temps du dehors. Dans un angle, la tache d'un lit dont les draps s'écroulent en chute d'eau, élargissant sur le plancher la pâleur sale d'un bric qui coule.

Théodore, qui depuis dix minutes se retournait d'un flanc sur l'autre, agité d'une fièvre de mauvais sommeil, s'éveille enfin. Il se soulève hors de ses draps, et, penché vers sa table de nuit, attache sur le cadran de sa montre ce regard des myopes qui écrase l'objet.

Onze heures... Ma montre est arrêtée. S'il était onze heures, y ferait nuit... Cré nom, que j'ai mal à la tête!

Machinalement, il met sa montre à son oreille et stupéfait d'en entendre nettement le grignotement de petite souris:

Comment! elle marche?... Mais, alors, il est onze heures du matin!

Onze heures sonnent au loin.

C'est bien ça!... Eh bien! me voilà joli garçon; j'ai raté mon ministère! Ça fait cinq fois depuis un mois.

Il veut s'élancer hors du lit, mais l'énergique effort qu'il donne lui répond dans le cerveau en bastonnade ahurissante.

Dieu ! que j'ai mal à la tête !

Il s'assied dans son lit avec mille précautions et, de ses mains, comprime ses tempes endolories

Ah çà ! je voudrais bien savoir pourquoi je m'éveille à cette heure-ci. D'habitude, je suis debout à huit heures du matin. (*Vaguement inquiet.*) Oh ! ce n'est pas naturel, il a dû m'arriver quelque chose d'anormal. (*Longue rêverie, puis :*) Parions que j'ai pris une paille. (*Suite de la rêverie.*) Oui, c'est cela évidemment ; j'ai ramassé une pistache. La céphalalgie qui me tourmente et les ténèbres qui obscurcissent mes idées ne peuvent me laisser aucun doute sur ce point. — Maintenant, n'ai-je pas fait de bêtises?... C'est que je me connais. Quand je suis plein, je suis convaincu que les gens ne peuvent pas s'en apercevoir, et, abrité derrière cette idée fixe comme derrière un paravent, vous pensez si je me gêne pour en prendre à mon aise!... Oui, ah ! pourvu, mon Dieu ! pourvu que je n'aie pas commis quelque énormité !... Tâchons de mettre un peu d'ordre dans le désastre de mes souvenirs.

Un temps.

On avait dîné chez Trouduc; cela, je me le rappelle parfaitement. Nous étions sept : Trouduc, Gagadois, Lecuchet, les deux dames en claque qu'on a mises toutes nues aussitôt qu'elles sont arrivées et qu'on a fait dîner à poil, et ce monsieur si distingué, officier de la Légion d'honneur, qui a été consul en Mésopotamie. Bon! Le repas fut des plus délicats et la plus franche cordialité y régna d'un bout à l'autre. Cependant j'ai comme une idée qu'entre la poire et le fromage le consul reçut de moi un verre de vin en pleine figure. Pourquoi? Ah! ici... (*Geste vague.*) Que diable avait-il pu me faire?... D'ailleurs ça n'a pas d'importance : le fait est que cet incident, en supposant qu'il ait eu lieu, ne paraît pas avoir autrement altéré l'excellence de nos nouvelles relations. Je me souviens très bien, en effet, qu'une fois le dessert enlevé, le consul monta sur la table, où, au milieu de la débandade du couvert, il imita la danse mauresque en faisant remuer ses intestins, tandis que moi, la paume de la main tapée au cul d'un poêlon, je criais: « Bananes! Goyaves! Ah! bono, bono, bono! » Jusque-là, à quelques petites lacunes près, mes souvenirs demeurent plutôt assez précis. Seulement, voilà, c'est la suite...

Un temps; puis, douloureusement :

Est-ce bête de se ficher dans des états pareils! J'ai beau chercher, c'est comme si je chantais. Rien! Rien! Rien! Impossible de me rappeler un mot ; et, malgré tout, je ne sais quelle voix intérieure me dit que j'ai dû faire des blagues... Qu'est-ce que çà peut bien être? Procédons par ordre. Après dîner, nous sommes sortis. (*A la réflexion :*) Oui, nous sommes sortis; c'est sûr...; à moins que nous soyons restés, ce qui ne me surprendrait pas. Entre ces deux alternatives, ma mémoire flotte, partagée, dans une indécision cruelle.

Longue songerie.

Rien ne saurait donner idée de la gueule-de-bois dont je détiens le record, et le mal de tête qui m'opprime défie toute comparaison. C'est comme si des équipes entières de terrassiers étaient occupées, sous mon crâne, à me percer d'une oreille à l'autre une espèce de boulevard Haussmann.

Soudain, avec l'accent du triomphe :

Nous sommes sortis! Nous sommes sortis! Il n'y a plus d'erreur possible! Je me vois, comme si j'y étais encore, dans la capote du sapin où nous étions montés à sept!... Nous l'avions pris rue de Miromesnil, le sapin, à la porte de chez Trouduc, et la question ne serait plus, à présent, que de savoir où nous nous sommes fait conduire, si elle n'était tranchée d'avance. Nous étions soûls comme des ânes; il est donc hors de discussion que nous n'avons pas hésité à nous faire conduire au café. Il faudrait être fou furieux ou bien ignorant de l'âme des hommes pour ne pas se rendre à une évidence fille d'une déduction logique. Et, en effet, je me vois maintenant au café comme je me voyais il y a un instant dans la capote du sapin. A mes côtés, Lecuchet et Trouduc; en face de moi, Gagadois, les deux femmes en claque et le consul... (*Frappé d'une idée.*) Le consul!... Eh! je ne me trompe pas?... Nous avons bien organisé un match à celui de nous deux qui boirait le plus de kummel?... Pardieu oui! Chameau de consul!... Ça ne m'étonne plus si j'ai la tête comme un chantier. Du reste, à partir de ce moment, on pourrait me donner cent mille livres de rentes pour me faire dire ce que j'ai fait; du diable si seulement je m'en doute. C'est la nuit noire, la tombe dans toute son épouvante. Comment tout cela a pu finir, c'est ce que je ne saurai jamais. A peine, dans cette ombre compacte, une ou deux éclaircies très vagues : c'est ainsi que je me vois sous la pluie, faisant la conversation avec un passant inconnu au coin d'une rue dont j'ignore le nom, et que je suis certain d'avoir regardé l'heure à une horloge illuminée. Ah ! c'est du propre !... Enfin !... — Que je me lève pourtant ; que j'aille à mon ministère. Je dirai que j'ai été malade.

Il s'empare de son pantalon, en enfile une jambe et s'arrête :

Ah çà mais ! ah çà mais ! ah çà mais !... Est-ce qu'on ne m'a pas mis à la porte d'un café ?... Parfaitement !... Je me suis même flanqué les quatre fers en l'air, tellement on m'a poussé fort !...

Perplexe :

Mais si on m'a mis à la porte, c'est donc que j'avais fait quelque chose ?... Ça me paraît au moins probable... Voyons donc ! Voyons donc ! Voyons donc !..

Il pose ses yeux dans ses mains, stimule sa mémoire dévastée. Et peu à peu, sous l'effort de sa volonté, apparaissent à son souvenir de petites visions indécises. C'est un café ; il en voit à travers un nuage les globes de verre dépoli. Devant lui une colonne de soucoupes ; près de lui des consommateurs : un, surtout, dont le visage l'agace. A cause ? Il y a là un mystère que le tourmenté Théodore s'efforce en vain d'approfondir. Il n'ignore pas que le pochard a l'antipathie facile, mais ça ne fait rien, il n'est pas tranquille tout de même, persuadé, sans pouvoir au juste dire pourquoi, que de sérieux griefs, des rancunes anciennes, ont dû cingler d'un brusque coup de fouet ses colères enfin déchaînées. Car plus il va et plus la conviction le pénètre qu'une minute est arrivée où il est sorti de ses gonds. Et il peine, et il sue, et il pressure son front pour en faire jaillir la lumière, et la tête lui fait un mal'..

Tout à coup un éclair éblouissant déchire le voile des ténèbres; la vérité, pressée de toutes parts, jaillit toute nue de son puits et :

THÉODORE, les yeux élargis d'effarement, écarquillés comme des soucoupes sur la réalité des choses

Nom d'un tonneau, je me rappelle! J'ai flanqué une paire de gifles à mon chef de division!

MONSIEUR FÉLIX

MONSIEUR FÉLIX

A Henri Lévêque.

SCÈNE PREMIÈRE

La chambre étroite et close dont parle le poète.

La pendule marque neuf heures.

A droite de la cheminée, où un feu de charbon de terre siffle comme un nez pris, — selon l'expression de Jules Renard, — Trou, les semelles montrées à la flamme, se cure les dents avec une épingle à chapeau en lisant dans le *Soir* la séance du Parlement.

En face de lui, Octavie, sa femme, brode à la clarté de la lampe.

Par terre, entre eux, le jeune Toto, âgé de quatre ans et demi, joue à faire voir son derrière.

Silence prolongé. C'est l'intimité douce et calme des ménages étroitement unis.

Soudain, coup de sonnette.

TROU, absorbé par sa lecture

Bon! Qui est-ce qui vient nous raser?

OCTAVIE, à part

Neuf heures; ce ne peut être que Félix.

TOTO, au comble de la joie

On a sonné! On a sonné! On a sonné!

TROU

Hé! ne danse donc pas comme ça; tu nous donnes le mal de mer. (*A la bonne qui apparaît.*) Qui est-ce?

LA BONNE

C'est M. Félix.

TROU

Encore!... Ah! çà, ce bougre-là passe sa vie ici!

OCTAVIE, les yeux penchés sur son ouvrage

Le fait est...

TROU

Comment, le fait est?... Nous sommes jeudi, ça fait la cinquième fois qu'il vient nous em... depuis le commencement de la semaine, et tu trouves que le fait est?

OCTAVIE

Puisque je suis de ton avis.

TROU

Zut!

OCTAVIE

Ne t'excite donc pas.

TROU

Tu m'embêtes!

OCTAVIE, résignée

Bien.

TROU

Et lui aussi, il m'embête! Vous m'embêtez tous les deux!

Effaré, Toto, d'abord muet, donne brusquement un libre cours aux sentiments de terreur qui l'agitent. Son jeune visage se déchire comme le fond d'une culotte trop mûre. La pièce s'emplit de hurlements.

OCTAVIE

Tu vois, avec tes colères? Tu fais pleurer le petit, voilà tout ce que tu fais.

TROU, qui s'est levé et qui, fiévreusement, va et vient

C'est insensé, ça, aussi, de ne plus pouvoir être chez soi! Je suis de là, les pieds au feu, à goûter la paix de mon foyer en lisant le compte rendu de la Chambre; je me dis : « Un tel a bien parlé! » ou : « Le cabinet est fichu! » ou : « Gare à l'interpellation! » enfin, je pense, quoi; je réfléchis. Bon! on sonne; c'est M. Félix! (*Hors de lui.*) Et encore

M. Félix!... Et toujours M. Félix!... Alors, quoi? je n'ai plus qu'à en prendre mon parti et à perdre toute espérance? C'est la condamnation à perpétuité?

OCTAVIE

Ce garçon est excusable. Il a si peu de relations!

TROU

C'est le dernier des goujats!

OCTAVIE, conciliante

Mais non.

TROU

Et des muffles!

OCTAVIE

Tu exagères.

TROU

On n'est pas fourré chez les gens depuis le jour de l'an jusqu'à la Saint-Sylvestre, ou on est le dernier des muffles; voilà la loi et les prophètes. Tu m'embêtes, encore une fois. Quant à ce monsieur, je ne veux plus en entendre parler! (*A la bonne.*) Vous avez dit que j'étais là?

LA BONNE

Mon Dieu, je l'ai dit sans le dire... J'ai dit... J'ai dit...

TROU

Oui, enfin, tranchons le mot, vous êtes une idiote.

LA BONNE

Une idiote?

TROU

Vous n'êtes pas contente? La porte est là, ma fille, et le tramway passe devant. Qu'est-ce qui m'a bâti une buse pareille, qui coûte trente-cinq francs par mois et qui a encore le toupet d'élever des réclamations? (*La bonne tente de placer un mot.*) Assez! Fichez-moi la paix! (*A Octavie.*) Je vais passer dans le salon. Toi, tu vas me faire le plaisir de recevoir M. Félix.

OCTAVIE

Bien.

TOTO

Moi aussi, j'irai dans le salon! Moi aussi, j'irai dans le salon!

TROU

Tu l'expédieras en cinq secs...

TOTO

Je veux y aller, avec papa! Je veux y aller, avec papa!

TROU

... et tu lui feras comprendre...

TOTO

Je veux y aller tout de suite! Je veux y aller à l'instant même!

TROU

Veux-tu te taire, tonnerre de Dieu! (*A Octavie.*) ... tu lui feras comprendre que ses visites commencent à devenir trop fréquentes. Et puis, tu sais, inutile de prendre des gants; on ne se gêne pas avec les muffles.

OCTAVIE

Et s'il me demande où tu es?

TROU

Tu diras que tu n'en sais rien.

TOTO

Quand est-ce qu'on va y aller, dis, papa, dans le salon?

TROU

Mon Dieu! que cet enfant m'agace! (*A Toto.*) Tiens, file! (*Sortant, précédé de Toto, par une porte dérobée.*) Cinq visites!... Cinq!... Cinq... en cinq jours!... J'ai vu des gens avoir du culot, mais pas dans ces proportions-là!

Exit.

Octavie reste seule.

OCTAVIE

Faites entrer, Victoire.

Disparition de la bonne.

Un temps; puis :

SCÈNE II

M. FÉLIX, surgissant dans le cadre de la porte ouverte

— Madame, Monsieur!... (*Il s'incline jusqu'à terre.*) J'étais de passage dans le quartier; je n'ai pu résister au désir de monter prendre de vos nouvelles...

OCTAVIE

Ce n'est pas la peine; il n'y est pas. (*Les bras écartés.*) Mon Félix!

FÉLIX

Mon Octavie!

OCTAVIE

Mon amour!

FÉLIX

Ma bien-aimée!

Ils s'embrassent éperdument.

SCÈNE III

Le salon, lugubre et glacial, où s'est réfugié M. Trou. Une bougie brûle à ras de bobèche à l'une des appliques du piano, jetant plus d'ombre que de lumière. Les meubles sont revêtus de housses. La trappe de la cheminée, levée, révèle un âtre vierge de souillures, pareil, dans son cadre de cuivre, à la scène d'un petit théâtre dont on aurait enlevé les décors. Une pluie abondante fouette les vitres.

TROU, assis sur le canapé

Ah ! çà, il ne va pas foutre le camp !

TOTO

J'ai froid.

TROU

Personne ne t'en empêche.

TOTO

Ah !... Et toi, dis, papa, t'as chaud?

TROU

A croire que je suis au bain de vapeur !... C'est au point que si ça continue, je vais attraper une congestion. (*Il se lève, va au piano et y allume une cigarette.*) A vrai dire, ce M. Félix, qui est déjà le dernier des goujats, serait aussi le dernier des crétins si ma femme n'était encore plus bête que lui. Mais la stupidité d'Octavie est sans bornes et sa niaiserie défie toute comparaison. Quelle oie! (*Dix heures sonnent à une église lointaine.*) Quand on pense que, depuis une heure, elle subit la conversation de ce Jocrisse, de ce niais, de cet imbécile, et qu'elle n'a pas encore trouvé le moyen de se débarrasser de lui!... Croyez-vous qu'elle en a une couche!

Il hausse les épaules et ricane, apitoyé et plein de mépris.

TOTO

Je m'embête.

TROU

Tu en as le droit.

TOTO

Ah!... Et toi, papa, tu t'amuses?

TROU

Comme une petite folle, tout bonnement. (*Il éternue.*) Un bouffon manquait à cette fête. Serviteur au rhume de cerveau! Ah! on pourra dire ce qu'on voudra et philosopher à perte de vue : on ne fera jamais que la femme ne soit la subalterne de l'homme! Race inférieure! Tas de bonnes à rien!

Je vous demande un peu s'il y a du bon sens à se laisser canuler une heure par un idiot, quand il serait si simple de lui dire : « Je serai franche; vous nous rasez, Monsieur Félix. Restez chez vous et fichez-nous la paix. » Enfin, voyons?... (*Il éternue.*) Ça y est! c'est le coryza lui-même! (*S'emportant bruyamment.*) Oh! mais non, en voilà assez! J'en ai plein le dos, à la fin! — Écoute voir un peu, Toto. (*Toto s'approche.*) Ote tes souliers.

TOTO

Faut que j'ôte mes souliers?

TROU

Oui.

TOTO

Pourquoi?

TROU

Ote tes souliers, que je te dis. (*Toto enlève ses souliers.*) Bon. Maintenant, fais bien attention. Tu vas aller sur la pointe du pied écouter à travers la porte ce que disent M. Félix et ta maman, et tu viendras me le rapporter.

TOTO

J'aurai deux sous?

TROU

Oui, t'auras deux sous.

TOTO

Chic!... J'y vais!

Il sort sans bruit.

Long temps.

Trou, qui s'impatiente, exécute, par les diagonales du salon, une promenade de lion en cage. Au dehors, la pluie redouble. L'horloge de l'église voisine sonne le quart après dix heures.

Enfin, réapparition du jeune Toto.

TROU

Ah! te voilà enfin... Eh bien?

TOTO, mystérieux

Tu ne sais pas? Y a M. Félix qui veut faire caca par terre.

TROU, ahuri

Comment, faire caca par terre!

TOTO

Oui!... J'ai écouté à la porte et j'ai très bien entendu. Il disait comme ça à maman qu'il allait retirer sa culotte. — Faut croire comme ça qu'il a envie!

LA CINQUANTAINE

LA CINQUANTAINE

Rue de la Chapelle. Une cour au fond d'un cube haut de six étages, dont les innombrables fenêtres sont pavoisées de linges et de langes. Presque à ras du sol, une croisée ouverte en carré révèle la loge du concierge et la silhouette de celui-ci, penché sur des bottes, qu'il retape. A angle droit avec la loge, une porte numérotée 100.

Un couple de miséreux s'apprête à chanter.

L'homme (soixante ans, barbe en broussaille couleur de cendre, les doigts de pied vaguement devinés par l'à-jour de chaussures ouvertes en jeu de tonneau), tend, puis éprouve d'un doigt expert, les cordes de sa guitare.

Sa femme (aucun âge présumable : quarante ans ou soixante-cinq ; la poitrine comme une ardoise, emprisonnée en un désolant jersey qu'achèvent des basques en créneaux), interroge de son regard résigné le vide béant et noir des fenêtres.

L'HOMME

Ayez pitié, Messieurs et Dames, de pauv' z'ouvriers sans travail, affligés d'une nombreuse famille et qui en sont réduits à demander leur pain à la charité publique. Messieurs et Dames, nous avons neuf enfants au berceau, sans compter not' propriétaire...

LA FEMME, bas

Comment, not' propriétaire?

L'HOMME, même jeu

Ta gueule. Je sais qu'est-ce que je dis.

LA FEMME, même jeu

T'es saoul.

L'HOMME, même jeu

Ta gueule, que je te dis!... C'est bon!... (*Haut*)... sans compter not' propriétaire qui menace de nous mettre à la porte. Vous voyez, Mesdames et Messieurs (*Il attache sur la femme le regard chargé de haine d'un homme injustement outragé et que les circonstances mettent dans l'impossibilité de venger son honneur flétri*), comme la situation est digne d'intérêt... C'est à en pleurer!

LA FEMME

A chaudes larmes!

L'HOMME

C'est pourquoi nous allons chanter...

LA FEMME

... *La Cinquantaine...*

L'HOMME

... Romance...

LA FEMME

... En vers...

L'HOMME

... Paroles de Victor Hugo...

LA FEMME

... Musique de Richard Wagner!

Ils accordent leurs instruments.

L'HOMME, les doigts à la guitare

Sol! Sol! Sol! (*à part, haussant les épaules*)!... Saoul!...

LA FEMME, les doigts à la mandoline

Do! Do! Do!... (*à part*). Mon propriétaire!

TOUS DEUX, ensemble

Mi, sol, do! Mi, sol, do! Do! Do!

L'HOMME

Premier couplet!

LA FEMME

Voici venue enfin cette semaine,
Fête du cœur comme du souvenir,
Qui voit ici fleurir la cinquantaine
D'une union que rien n'a pu flétrir.

L'HOMME

Hélas! le temps fuit avec les années!...
Mais si l'hiver poudre nos cheveux blancs,
Baisons pourtant nos lèvres embaumées!...
Nos cœurs, ma Jeanne, ont toujours leurs vingt ans.

ENSEMBLE

Viens ma chérie,
(L'instant charmant!)
Dans la prairie
Courir gaîment.
Viens, ah! viens vite!
L'air parfumé,
Tout nous invite
A nous aimer.

Ritournelle sur la guitare et la mandoline, au cours de laquelle les deux mendiants, impassibles, échangent, sans se regarder, le colloque suivant.

L'HOMME, bas

Vrai alors, t'en as du culot, d'oser dire que j'ai le nez sale.

LA FEMME, bas

Bien sûr, t'as le nez sale.

L'HOMME, bas

J'ai le nez sale?

LA FEMME, bas

Oui, t'as le nez sale.

L'HOMME, bas

Ah! j'ai le nez sale! Espère un peu qu'on soye chez nous, je t' ferai voir, moi, si j'ai le nez sale. — Proparienne!

LA FEMME, bas

... Gros dégoûtant.

L'HOMME, bas

... Avec ma main sur la figure...

LA FEMME, bas

Je t'emmène à la campagne.

L'HOMME, bas

... Et mon pied dans le derrière.

LA FEMME, bas

Cause toujours, tu m'intéresses.

L'HOMME, bas

Volaille!

LA FEMME, bas

Turbot!

L'HOMME, bas

Panier!

LA FEMME, bas

Ragout!

L'HOMME, bas

C'est bon! Ta gueule!... (*Haut.*) Do, mi, sol, do!

LA FEMME

Sol! Sol! Sol!

L'HOMME

Mi, sol, do, mi!

LA FEMME

Mi, mi, mi! (*Bas.*) Gueule d'empeigne.

L'HOMME, bas

Figure de porc frais! (*Haut.*) Deuxième couplet!

LA FEMME

En vain les ans fuyant à tire d'ailes
Sur nos baisers luirent cinquante fois,
Le même feu qui darde en mes prunelles
Garde à mon front ses pudeurs d'autrefois.

L'HOMME

Viens donc encore, étrange magicienne,
Griser mon œil de tes charmes troublants,
En rougissant, mets ta main dans la mienne...
Nos cœurs, ma Jeanne, ont toujours leurs vingt ans!

ENSEMBLE

Viens, ma sirène,
Comme autrefois,
Courir, ma reine,
Au fond des bois.
Viens, de ma vie
Astre pâmé!
Tout nous convie
A nous aimer.

Ritournelle sur la guitare et reprise du jeu de scène déjà vu.

L'HOMME, bas

Et le plus chouette, c'est que c'est elle qu'est saoule, justement.

LA FEMME, bas

Moi? Eh bien t'en as une santé!

L'HOMME, bas

Tu parles, si faut que j'en aye une, pour rester de là, collé depuis pus de vingt berges avec une vieille peau pareille.

LA FEMME, bas

Ma peau vaut bien la tienne, casserole!

L'HOMME, bas

Comment que t'as dit?

LA FEMME, bas

Casserole.

L'HOMME, bas

Répète-le un petit peu. Je te refile un marron par le blair, tu verras si c'est de l'eau de savon.

LA FEMME, bas

Casserole! Casserole!

L'HOMME, bas

Tu crânes à cause qu'on est dans la bonne société. Espère un peu; on n'y sera pas toujours. C'est malheureux, ça, aussi, de se faire moucher par une pouffiasse qui vous achète devant le monde et qui dit comme ça qu'on est saoul.

LA FEMME, bas

Ferme ta malle! On voit Gouffé.

L'HOMME, bas

Zut!

LA FEMME, bas

Va donc, eh paquet!

L'HOMME, bas

Poison!

LA FEMME, bas

Plein de puces!

L'HOMME, bas

Tête à poux !

La femme tente de placer un mot; mais, lui, a déjà pris les devants; il en a placé un, de mot! un seul, dont la concision éloquente a coupé court à toute espèce de discussion. Sur quoi :

L'HOMME, les doigts remués sur la guitare dont le bois creux résonne en plaintes sentimentales :

Sol, mi, do!... Do! Do!

LA FEMME

Do, mi, sol! Sol! Sol!... Troisième couplet?

Elle chante :

Toc, toc! Qui frappe à cette heure à la porte?
Ciel! c'est la mort!

L'HOMME

Jeanne, ne tremble pas.
La mort n'est rien, si notre amour plus forte,
Survit encore au plus prochain trépas.

LA FEMME

Dans le cercueil, où nos cendres glacées
Sommeilleront en l'horreur des néants,

L'HOMME

Pour nous chérir au bout de mille années,
Nos cœurs, ma Jeanne, auront encor vingt ans!

ENSEMBLE

Refrain

Viens sous la nue!
Entends vraiment
La voix émue
De ton amant.
L'instant suprême
Prêt à sonner
Veut que l'on s'aime!...
Viens nous aimer.

L'HOMME

Crève donc tout de suite, eh! citrouille!

LA FEMME

Sac à vin!

L'HOMME, bas

Planche à repasser! Non, mais regardez-moi un peu ça. Mince d'épaisseur! (*S'accordant*): Do, mi, sol; do, mi, sol. (*Bas.*) Sole, Sole.

LA FEMME, furieuse

Mi, sol, do; mi, sol, do. (*Bas.*) Dos! dos!

ENSEMBLE

Do, mi, sol do! Do, mi, sol, do!

L'EXTRA-LUCIDE

L'EXTRA-LUCIDE

A Emile Benoît.

Le cabinet de consultations de Mme Prudence, somnambule.

Ameublement d'un rococo à tirer les larmes des yeux. Sièges de velours sang-de-bœuf passé, aux dossiers d'acajou hérissés de têtes de sphinx. Sur la cheminée, une pendule Empire, dont le cadran d'acier bruni marque l'heure, entre quatre colonnettes d'albâtre, qui ont l'air de vouloir le mener au poteau d'exécution. Sur la commode, de chaque côté d'un petit coffret caparaçonné de coquillages, deux hauts bouquets de calicot s'épanouissent en des vases de porcelaine cerclés d'or. Au mur, des diplômes encadrés.

Près de la fenêtre, que masquent d'épaisses mousselines, Mme Prudence dort du sommeil magnétique, au sein d'un fauteuil Voltaire. Ses mains potelées de matrone bien portante reposent sur ses vastes cuisses. Elle a les pieds sur une chaufferette.

SCÈNE PREMIÈRE ET UNIQUE

M. LEDAIM

que vient d'introduire une bonne au service de Mme Prudence

C'est ici le sanctuaire!... (*Il ôte son chapeau.*) Certes, je ne suis pas poltron ; ça ne fait rien :

Je ne sais quelle émotion étrange... Allons, pas d'enfantillages! Soyons homme, tonnerre de bleu! (*Il s'approche de Mme Prudence.*) Madame! Madame!

Mme PRUDENCE, endormie

Qui m'appelle?

M. LEDAIM

Madame, c'est pour avoir une consultation.

Mme PRUDENCE

Une consultation?

M. LEDAIM

Oui, Madame.

Mme PRUDENCE, d'une voix profonde.

Oh!... que je suis donc fatiguée!...

M. LEDAIM, révolutionné.

Cette voix!!! (*Haut.*) Un peu de courage, Madame; nous en avons pour une minute.

Un temps.
Mme Prudence soupire.

M. LEDAIM

Vous m'entendez?

Mme PRUDENCE

Oui... je vous entends.

Nouveau silence, puis :

Mme PRUDENCE, d'une voix caverneuse

Tournez-vous à droite.

M. Ledaim, un peu étonné, obéit.

Mme PRUDENCE, d'une voix sépulcrale

Sur la commode...

M. LEDAIM, de plus en plus surpris

Sur la commode?

Mme PRUDENCE

Oui... Voyez-vous un petit coffret?...

M. LEDAIM

Un coffret de coquilles? Parfaitement.

Mme PRUDENCE

Ouvrez-le.

M. Ledaim, pâle d'émotion, lève le couvercle du peti coffret.

Mme PRUDENCE, d'une voix véritablement surnaturelle

Mettez-y vingt francs.

M. LEDAIM

Ah! pardon! (*A part :*) Non, mais c'est cette voix! c'est cette voix!... Ah! nous vivons dans l'inconnu! La nature détient des secrets que notre pauvre espèce humaine tenterait en vain d'approfondir!

Il dépose vingt francs dans le coffret.

Mme PRUDENCE

... Approchez-vous... (*M. Ledaim s'approche.*) Prenez-moi la main... (*M. Ledaim lui prend la main.*) Questionnez.

M. LEDAIM

— Mon Dieu, Madame, c'est bien simple. Je revenais de mon bureau; il était six heures et demie. Au moment de me mettre à table, ma femme, qui tournait un roux dans la cuisine, me cria : « Surveille donc mon roux, qu'il ne brûle pas. Je descends acheter des oignons. » Elle me passa la cuiller à pot, s'en alla... et ne reparut plus. Y a de ça huit jours! (*Il lève les bras au ciel.*) Huit jours, Seigneur!... Et ne pas seulement savoir si elle est morte ou vivante! Avec ça, elle était sortie sans chapeau; le froid de la rue l'aura saisie. Pour moi, elle est à l'hôpital avec une fluxion de poitrine... Enfin, voilà, je voudrais bien être fixé, savoir un peu à quoi m'en tenir...

Mme PRUDENCE

Pourriez-vous me confier... un objet... ayant appartenu... à cette personne?

M. LEDAIM

J'ai apporté ça.

Il tire de son portefeuille un de ces petits peignes de poche dont se servent les femmes pour se lisser les tempes, rétablir sur leurs fronts le bel arrangement de leurs frisettes, et il le livre à Mme Prudence qui y laisse errer ses doigts.

Deux minutes s'écoulent. Grand silence. On entend distinctement battre le cœur de M. Ledaim.

Mme PRUDENCE

... Je suis fatiguée... Je vois mal... Aidez-moi.

M. LEDAIM

Comment faut-il faire ?

Mme PRUDENCE

... Condensez votre volonté... Amenez-en sur moi tout l'effort...

M. Ledaim condense sa volonté. Il pince les lèvres. Sur ses yeux en boules de jardin, ses sourcils s'abaissent pesamment, comme des devantures de boutiques. Son visage tendu et dur évoque le masque d'une personne atteinte de constipation, qui se consume en efforts stériles.

Mme PRUDENCE

Ordonnez-moi de voir.

M. LEDAIM

Je vous l'ordonne!

Mme PRUDENCE

Dites : « Voyez! »

M. LEDAIM

Voyez!!!

Mme PRUDENCE

... Bien... Assez... (*Éprouvant du bout de son index, d'un délicat toucher d'aveugle, chacune des dents du petit peigne :*) ... Je vois... C'est un petit démêloir...

M. LEDAIM, émerveillé

En effet!

Mme PRUDENCE

... Il a servi à une femme...

M. LEDAIM, confondu

C'est exact! (*A part.*) Elle est extraordinaire; il n'y a pas à dire. (*Haut.*) Cette femme, la voyez-vous?

Mme PRUDENCE

... Oui... (*Un temps.*) Elle est au lit.

M. LEDAIM

Au lit?

Mme PRUDENCE

Au lit.

M. LEDAIM, qui défaille d'anxiété

Avec une fluxion de poitrine?

Mme PRUDENCE

Non; avec un homme qui la pelote.

M. LEDAIM, éclatant comme un siphon d'eau de seltz

Ça y est!... J'aurais dû m'en douter! Ah! sang du Christ! ventre du pape! faut-il que les femmes soient canailles et que les hommes soient idiots!... Et quand on pense que depuis huit jours je passe ma vie à la Morgue!...

L'indignation le prend à la gorge. Il défait le nœud de sa cravate, entre-bâille le col de sa chemise. Nouveau silence. Au souffle haletant de M. Ledaim, se mêle la respiration régulière de Mme Prudence endormie.

Enfin :

M. LEDAIM

en proie à une violente émotion, mais qui s'efforce d'être calme

Et cet homme, vous le voyez aussi?

Mme Prudence reste muette.

M. LEDAIM

Répondez!

Mme PRUDENCE

... Oui..., non... Je ne sais pas...

M. LEDAIM, d'un ton de commandement

Voyez-le!

Il recondense sa volonté et accable Mme Prudence d'un geste à la Balsamo.

Mme PRUDENCE

Assez!... Ah! assez!... je vous en prie!... Vous allez me faire avoir une attaque de nerfs...

M. LEDAIM, impitoyable

Je vous ORDONNE de voir cet homme! Je VEUX que vous le voyiez!

Mme PRUDENCE, dominée

... Je le vois.

M. LEDAIM

Ah! — Veuillez me le dépeindre, en ce cas.

Mme PRUDENCE

... C'est un homme... entre deux âges.

M. LEDAIM, très attentif

Entre deux âges. Parfaitement

Mme PRUDENCE

... Visage... ovale.

M. LEDAIM

Bon.

Mme PRUDENCE

... Menton rond...; nez... ordinaire...; bouche... moyenne...; yeux... quelconques...

M. LEDAIM, après avoir longuement rêvé

J'interroge en vain mes souvenirs; je ne vois personne dans mes relations qui réponde à ce signalement. Il est un peu vague, d'ailleurs. Ne pourriez-vous le compléter, par quelques détails plus précis?

Mme PRUDENCE

... Je puis vous dire... le nom... de l'homme...

M. LEDAIM, qui bondit

Son nom?... Vous pouvez me dire son nom?

Mme PRUDENCE

... Oui...

M. LEDAIM

Et cela n'est pas encore fait!!!

Mme PRUDENCE

... C'est que... je suis si lasse!... si lasse!... Il faudrait... redonner... vingt francs.

M. LEDAIM

Je ne regarde pas à l'argent lorsque mon honneur est en jeu. — Voici un louis. — Le nom de cet homme?

Mme PRUDENCE
onfouissant les vingt francs en les profondeurs de sa poche

Merci! (*Un temps.*) Il s'appelle Joseph.

LE PRINCIPAL TÉMOIN

LE PRINCIPAL TÉMOIN

TRAGÉDIE EN VERS MÊLÉE DE PROSE

A Charles Friedlander.

Une clairière dans la forêt de Saint-Germain.

Comme horizon : une ceinture d'immobiles futaies qu'a dorées l'automne de tons de rouille.

Comme plafond : un lourd ciel pommelé où rampent des chaos de montagnes aux crêtes argentées de blanc pur.

A une centaine de pas l'un de l'autre, affectant de ne se pas voir, deux messieurs aux visages graves arpentent fiévreusement le terrain. Ils sont vêtus de noir des pieds à la tête, et, des collets dressés de leurs redingotes, ils dissimulent leurs faux-cols dont la blancheur risquerait de s'offrir comme une cible au visé de l'adversaire.

A égale distance de chacun d'eux : le groupe des témoins. Le directeur du combat — un grand monsieur à longue barbe, de qui les mouvements de tête balancent la colonne lumineuse d'un irréprochable chapeau de soie — bourre méthodiquement un pistolet en tenant à ses assesseurs des discours fort intéressants sans doute, mais qui s'évaporent dans le vent et dont les deux adversaires tâcheraient en vain de pénétrer le sens.

LE COMBATTANT GRENOUILLOT, qui cause tout seul, en attendant le moment de passer à de plus périlleux exercices.

Le ciel d'octobre est gris et la forêt est rousse;
L'automne se repaît de décès. — J'ai la frousse :
Et l'angoisse en sueur glace mon front.

Un temps.

Pourquoi
Diable, ai-je été cocufier cet iroquoi?
S'il m'allait de son plomb lancé d'une main sûre...
Dieux Immortels, veillez!

Lyrique :

Et quant à toi, Luxure,
Fruit de l'arbre du mal au jardin de Satan,
Sois maudite! Ote-toi de mon chemin! Va-t'en!
École du péché qui nous as pour élèves,
Toi qui nous mets au cœur le fiel, aux mains les glaives;
Toi qui plombes les teints et cernes les yeux creux
Et qui fait s'éplumer les pauvres coqs entre eux,
Fuis, te dis-je! Hâte-toi vers un autre rivage!
De mon cœur, où la peur exerce son ravage,
Fous le camp!

Longue et mélancolique rêverie.

Échanger six balles!... A vingt pas!!!

Brusque agacement.

Ah! ça, ce principal témoin n'en finit pas!

Et le fait est qu'il n'en finit pas, ce témoin. Terriblement lent au gré du combattant Grenouillot, lequel, les nerfs sous pression, donnerait gros pour que l'honneur fût enfin proclamé satisfait, il s'obstine, depuis dix minutes, à bourrer, d'une même baguette, le canon d'un même pistolet. Pourquoi ? On n'en sait rien.

LE COMBATTANT GRENOUILLOT

C'est exaspérant!

Un temps.
Continuation du jeu de scène du principal témoin.
Soudain :

LE COMBATTANT GRENOUILLOT, en proie au déchaînement des tardifs repentirs :

Non, mais quel besoin avais-je
De goûter ce bonbon au goudron de Norvège?
Ce noir pruneau? ce sec hareng-saur dont la peau
Flasque, se ride et tremble au vent comme un dra-
[peau?...]
Quoi! j'ai pu, de ce monstre enjuponné qu'adorne
Le semblant d'à-peu-près d'un vague fessier morne
Et de qui le corset fermé sur des manquants
Évoque les murs nus des logements vacants,

Envolupter les yeux énormes de dorade?...
Hélas, oui!... C'était la femme d'un camarade;
Par conséquent l'attrait d'un plaisir interdit...

L'homme n'est qu'un fourneau; c'est Pascal qui l'a dit.
Né pour suivre tout droit et simplement la file
Des matins et des soirs que la Parque lui file,
En cueillant au hasard de la main les fruits mûrs
Dont l'été fait danser les ombres sur les murs,
Il lui faut le fumet des voluptés fraudées
Et des lapins tirés sur les chasses gardées!...

Il hausse l'épaule, écœuré à l'envisagé de la perversité humaine.

Cependant, à vingt pas de là, le principal témoin bourre toujours son même pistolet, en sorte que c'est vraiment à en devenir enragé. De temps en temps seulement, le poing droit immobilisé sur le canon de l'arme où la baguette demeure plongée, il interrompt l'allée et venue automatique de sa dextre pour questionner les autres témoins, tournant tour à tour vers chacun de ces messieurs son visage ruisselant du désir de convaincre; puis, visiblement satisfait d'avoir en effet convaincu, il reprend le cours de son petit exercice.

LE COMBATTANT GRENOUILLOT, les dents serrées sur des fureurs qui se contiennent :

Paquet!...

Nouveau temps.

Le principal témoin continue à bourrer son arme.

LE COMBATTANT GRENOUILLOT, qui reprend le fil de son discours.

Et ça finit toujours, bien entendu,
Par le retour fâcheux autant qu'inattendu
Du mari, qu'on croyait bien loin. Sur quoi, la turne
Conjugale s'emplit de vacarme nocturne :
Cris de moutard à l'eau froide débarbouillé ;
Coups, qui ne partent pas, d'un revolver rouillé ;
Le plafond qui s'effrite en débris de coquille
Sur le satin piqué du couvre-pied jonquille ;
Et le sursaut des murs sous des coups de bélier !
Et la vieille qui gueule : « Au feu ! » dans l'escalier !
Enfin, tout le scandale affreux de l'adultère
Grondant comme le flanc tourmenté d'un cratère !...
Puis, c'est le châtiment, malfaiteur embusqué
Derrière l'aléa d'un pistolet braqué ;
Les coups de feu sonnant dans l'air comme des claques ;
L'herbe verte, soudain rougeoyante de laques...

Il soupire.

Ah ! j'ai regret d'avoir fait cet homme cocu.

Brusquement.

Si je pouvais donner de mon pied dans le cul
Au principal témoin, j'y prendrais, Dieu me damne,
Plus de plaisir qu'à la lecture de Peau-d'Ane !

Certes, j'en ai connu pour avoir du culot;
Ça ne fait rien; je veux repousser du goulot
Au point d'en ébranler les gens sur leurs rotules,
Et prétends que mon nez se couvre de pustules,
Si j'ai jamais rien vu pour être comparé
Au démontant toupet de ce fils de curé!
Oui, je le hurle en le clairon d'un vers ternaire :
Ce client-là n'est, nom de Dieu, pas ordinaire!

Il en a plein le dos, ce garçon; et, à vrai dire, il y a de quoi. Soudain, la patience lui échappe; une colère s'empare de lui, et aussi l'impérieux besoin de tenir la clef du mystère. Il s'avance à pas de loup vers le groupe des témoins, incline le buste, la main au pavillon de l'oreille, et demeure figé comme de la gelée de veau, à entendre s'exprimer dans les termes suivants :

LE PRINCIPAL TÉMOIN, qui, commis-voyageur en vin, ne laisse perdre aucune occasion de placer sa marchandise.

C'est un petit bordeaux excellent, naturel, — çà, je vous en réponds! — et qui deviendra supérieur avec quelques années de bouteille. Je vous le laisserais à deux cent quinze francs, tout rendu, et c'est bien parce que c'est vous, car à ce prix là, je ne gagne pas cent sous de commission.

UNE ÉVASION DE LATUDE

UNE ÉVASION DE LATUDE

Le théâtre représente l'intérieur d'un cachot. Face au public, une porte percée d'un guichet. A gauche, une lucarne grillée, aux barreaux découpés en croix de saint André sur le clair azur du dehors. A droite, une couchette composée en tout et pour tout d'un matelas et d'un traversin.

Au lever du rideau, la scène est vide. Soudain, tremolo à l'orchestre. Coups sourds dans le sol. Une dalle se soulève, et l'on voit apparaître le visage inculte et la tignasse ébouriffée de l'infortuné Latude.

SCÈNE PREMIÈRE

LATUDE

Personne?

Il jette un coup d'œil autour de lui.

Personne!

Il se hisse sur les poignets et pénètre dans la cellule.

Je suis Laté, j'ai trente-cinq ans de captivitude. (*Il se reprend.*) Heu... Je suis Latude, veux-je dire; j'ai trente-cinq ans de viticapté; heu... de tivécapti; pardon!... Flûte, je ne trouve plus mes mots. C'est le manque d'oxygène. Saleté de Pompadour qui me laisse pourrir sur la paille humide des cachots! Si jamais... Mais patience! patience! l'heure est proche!

Solennel :

Voici la cellule où le vidame de Proutrépéto, victime comme moi des haines de la favorite, gémit durant tant d'années; et voici le lit où ce digne vieillard rendit, hier, le dernier soupir.

Il soulève sa casquette.

Salut, demeure chaste et pure! — Cristi, que ça sent le renfermé.

Il va à la lucarne, qu'il ouvre; puis revient à l'avant-scène.

Or, M. de Proutrépéto ayant dévissé son billard, l'administration a conçu le dessein de faire carder son matelas. Ceci m'a donné une idée. J'ai enlevé une partie de la laine, je l'ai fait disparaître de la façon suivante (*Il indique qu'il l'a boulottée.*) et à cette heure, je vais prendre sa place. Une fois dans le matelas, qu'est-ce que je fais? Je ramène la toile sur moi et je la recouds à l'intérieur. Arrivent les cardeurs qui n'y voient que du feu et me descendent ingénument devant la porte de la prison. C'est très bien. Je tire mon couteau, je crève la toile au matelas, je crève la paillasse aux cardeurs, après quoi, à nous l'oxygène ! C'est extrêmement ingénieux.

— Mais, me direz-vous, mon ami, tu t'es donc procuré du fil, une aiguille et un couteau?

Chut!...

Mystérieux :

J'ai improvisé moi-même ces divers objets mobiliers. Le couteau, je l'ai fabriqué avec un manche de côtelette; l'aiguille, avec une arête de merlan; et le fil... — Devinez un peu? Non, devinez un peu, pour voir? — ... Avec du bœuf !!! Tous les jours, depuis trente-cinq ans, je prenais sur ma portion un petit filament de gîte à la noix que je dissimulais avec soin dans le creux de ma main, et qui venait s'ajouter à la masse. Résultat : ceci (*Il tire de sa poche une pelote de couleur brune.*)... c'est-à-dire la liberté!! Ah! l'ingéniosité des prisonniers défie toute comparaison ! — Avec tout ça, je bavarde, moi. Quelle heure est-il ? (*Il regarde par la lucarne*): Il est précisément, au soleil, onze heures quarante-quatre minutes ; dans un quart d'heure, mes deux gaillards seront ici. Deux cardeurs de matelas et un quart d'heure d'horloge, ça fait trois quarts d'heure ; j'ai le temps.

Il va au matelas et l'éventre.

Suffoqué :

Crebleu ! quelle poussière ! Pourvu que je n'aille pas éternuer !

Il plonge, les pieds en avant, dans le matelas, qu'il referme et recoud sur lui, conformément à son petit programme.

Un temps. Au dehors, l'horloge de la prison sonne les douze coups de midi. Re-tremolo à l'orchestre. Grincement de clef dans la serrure.

La porte s'ouvre. Apparition des deux cardeurs de matelas.

SCÈNE II

LES CARDEURS, LATUDE CACHÉ

PREMIER CARDEUR

Voici l'objet. A nous, camarade ! et du nerf ! (*Le jour s'assombrit. Grondements d'orage qui se prépare.*) Diable ! le temps se gâte.

DEUXIÈME CARDEUR

Oui, camarade, nous allons avoir de l'orage. Le pauvre cardeur de matelas est exposé plus que tout autre aux intempéries des saisons.

PREMIER CARDEUR

Tu dis vrai, mais assez causé. Tu feras de la philosophie un autre jour. Allume ! Allume !

DEUXIÈME CARDEUR

Espère un peu.

Les deux hommes s'approchent du matelas où est enseveli Latude, et ils en soulèvent les coins.

Nouveau nuage de poussière.

DEUXIÈME CARDEUR, toussant à fendre l'âme

Oïe ! Oïe ! Oïe !

PREMIER CARDEUR, même jeu

Eh là ! Eh là ! Voilà un sacré nid à vermine qui ne pèche pas par excès d'humidité. S'il y pousse des champignons, je consens à cesser de boire.

DEUXIÈME CARDEUR

J'ai la langue aussi rêche qu'une râpe à fromage, rien que d'avoir ouvert la bouche.

PREMIER CARDEUR

La peste soit de ta langue, éternel bavard ! Au lieu de t'attarder à des sottises, que ne vas-tu plutôt nous quérir deux bons gourdins de chêne ou d'érable dont nous rosserons ce matelas tant et si bien qu'il ne gardera pas plus de poussière que tu n'as, toi, gardé de jugeotte ?

DEUXIÈME CARDEUR

Belle idée !

PREMIER CARDEUR, *égayé*

Eh! eh! que t'en semble?

DEUXIÈME CARDEUR

Oui, l'invention est lumineuse. J'ai justement, depuis l'an dernier, une belle gaule à abattre les noix, qui fera tout à fait l'affaire. Espère un peu ; je ne fais qu'aller et revenir; le temps de donner un coup de scie et de faire d'une seule perche deux triques. Je suis à toi dans la minute.

Il sort.

Derrière le dos du premier cardeur, le matelas donne des signes manifestes d'inquiétude.

Un temps.

Rentrée du deuxième cardeur armé de deux énormes rotins.

DEUXIÈME CARDEUR

Ils sont de pareille longueur. Choisis.

PREMIER CARDEUR

Camarade, tout est bon outil aux mains d'un bon

ouvrier. (*Il s'empare d'un des bâtons, retrousse ses manches et crache dans sa main*) A c't' heure, faisons vite et bien. Et en mesure, autant que possible!

Ils remontent au fond du théâtre et se mettent, pleins d'entrain, à l'ouvrage. Sur le matelas, les coups s'abattent en cadence.

LES DEUX CARDEURS, chantant

Pan! pan! Courage,
Bon artisan!
Ton poing pesant
Tape et fais rage.
Je fais ma besogne en chantant
Pan! Pan!

Ils s'arrêtent pour souffler. Silence, auquel se mêlent les gémissements de l'infortuné Latude.

DEUXIÈME CARDEUR, l'oreille tendue

Espère un peu! Tu entends, eh?

PREMIER CARDEUR, indifférent

C'est ce pauvre diable de Latude qui se désole à l'étage au-dessous.

DEUXIÈME CARDEUR, apitoyé

Trente-cinq ans de captivité!...

PREMIER CARDEUR

Bah! le gaillard n'est pas un sot, c'est au contraire une fine mouche qui a plus de malignité dans son petit doigt que toi dans toute ta carcasse, et qui s'évade de prison aussi aisément qu'il rote.

DEUXIÈME CARDEUR

Tu badines !

PREMIER CARDEUR

Je ne badine point. Il se gausse d'un mur de cachot comme une poignée d'eau se gausse d'une main fermée. Gageons qu'un de ces quatre matins il trouvera encore moyen de prendre la clef des champs. Or ça, si nous en finissions ? J'ai hâte d'aller vider bouteille.

Les deux hommes s'emparent du matelas, s'efforcent de le soulever et y parviennent à grand'peine.

Stupéfaits :

DEUXIÈME CARDEUR

Diantre !

PREMIER CARDEUR

Qu'est ceci ?

DEUXIÈME CARDEUR

En voilà bien d'une autre. M'est avis que ce pucier pèse le poids d'un pourceau de six mois.

PREMIER CARDEUR

M'est avis aussi.

DEUXIÈME CARDEUR

Si je tenais l'enfant de cocu qui le rembourra de limaille de plomb, je lui prouverais le contraire sur l'heure.

PREMIER CARDEUR, *inspiré*

L'ami, par l'huis béant de cette porte, j'aperçois une fenêtre ouverte. Elle donne sur la route déserte qui borde le mur de la prison. Ne penses-tu pas que si nous y précipitions le gaillard, après l'avoir gentiment balancé en comptant : « Une! deusse ! troisse ! » il serait arrivé avant nous, nous évitant ainsi la peine de le descendre et nous épargnant de l'huile de bras ?

DEUXIÈME CARDEUR, *enthousiasmé*

Tu es décidément un habile homme, l'ami ! J'admire la simplicité de ton projet et je crois que nous devons sans retard le mettre à exécution. Donc, partageons-nous la besogne et voyons à faire diligence.

Ayant ainsi parlé, il imprime au matelas un mouvement balancé de tribord à bâbord. Son camarade l'imite.

LES DEUX CARDEURS, comptant les mesures

Une !... deusse !... et troisse !

Le matelas, échappé à leurs doigts, s'envole comme un énorme oiseau et disparaît par le cadre de la fenêtre.

Coup de timbre. Le décor change.

SCÈNE III

Au fond, le pied de meulière du mur de la prison. A l'avant-scène, un chemin semé d'herbes et d'orties, sur lequel repose le matelas.

Troisième tremolo à l'orchestre, puis craquement de calicot qu'on déchire, et apparition de Latude. Sur le visage de cet infortuné, les coups de bâtons des cardeurs ont marqué en larges bandes noires qui le font pareil à un zèbre.

LATUDE, qui se dresse

Quelle chute !... (*Il se tâte.*) Mes membres endoloris sont-ils toujours à leur place? (*Rassuré.*) Merci, mon Dieu !!! Que ne suis-je en sûreté, loin de ces murs... je me livrerais à une courte prière. Mais courons au plus pressé.

Il s'élance.

A moi, l'oxygène !

Fausse sortie.

Que j'emporte ce matelas, au fait. Je le vendrai

au premier fripier que je rencontrerai sur ma route, et le diable s'en mêlera, ou j'en tirerai vingt-cinq sols, lesquels me feront grand bien.

Il charge le matelas sur ses épaules et s'enfuit précipitamment.

La scène reste vide.

Tout à coup, à l'orchestre, quatrième et dernier tremolo et apparition des cardeurs.

PREMIER CARDEUR, le regard promené autour de lui

Où est le matelas? (*Epouvanté.*) Ventre du Christ! il y a de la magie là-dessous!...

DEUXIÈME CARDEUR

Eh! espère un peu, que diable! Donne-lui le temps d'arriver.

LA BOURSE

LA BOURSE

A Jules Lermina.

I.

L'immortel auteur d'*A se tordre*, de *Pas de Bile*, de *Vive la Vie*, et du *Parapluie de l'Escouade*, j'ai nommé Alphonse Allais, a conté une charmante histoire. C'est celle d'une espèce d'enflé qui ne pouvait prendre coup sur coup deux ou trois tasses de café sans éprouver le besoin de dire : « Moi, je suis un type dans le genre de Balzac » ; raturer un mot sur une lettre sans déclarer : « Moi, je suis un type dans le genre de Gustave Flaubert » ; exposer qu'il était marié à une femme appelée Joséphine sans ajouter à l'instant même : « Moi, je suis un type dans le genre de Napoléon Ier ».

Labrême, lui, alors cavalier de 1re classe au 51e chasseurs, était un type dans le genre du général Cambronne. Il l'avait cent fois démontré mais ce soir-là il le prouva, l'établit jusqu'à l'évidence. Dans la paix du petit café où vainement il s'entêtait à vouloir rosser au piquet un imbattable garçon boucher de ses amis, les cinq lettres éclatèrent soudain comme une bombe de dynamite. Une personne au teint de phtisique, qui tricotait dans le comptoir un châle pour ses maigres épaules, réfugia en une quinte de toux son embarras bien naturel, tandis que des joueurs de manille déposaient, consternés, leurs cartes, et qu'un vieil habitué de l'endroit, s'interrompant de lire les *Débats*, esquissait de son chef vénérable le muet hochement qui apprécie.

C'est que Labrême, cœur pur, âme d'ange, croyait le monde fait à son image et volontiers l'envisageait à travers la concavité de sa candeur. Conscient de sa naturelle droiture, pénétré par carambolage de la bonne foi de son prochain, l'idée qu'on se pouvait jouer de la sienne dépassait sa compréhension. Ayant, à quatre reprises, consulté le cadran de l'œil de bœuf et constaté, par quatre fois, que les aiguilles marquaient le quart avant huit heures, il en avait tiré cette conclusion bien simple qu'il était huit heures moins un quart, un peu surpris sans doute, mais pas énormément, que le temps eût stoppé sur place depuis vingt ou vingt-cinq minutes. A la fin, des soupçons lui étaient venus cependant, de vagues anxiétés, on ne sait quoi, un quelque chose de très complexe où se mariait la peur du surnaturel à la crainte de manquer l'appel, et, un pli d'inquiétude au front, il avait demandé au boucher :

— Ah! ça mais, quelle heure donc qu'il est?

Il était neuf heures moins vingt.

Nous avons exposé ci-dessus de quelle façon à la fois éloquente et succincte il avait salué cette révélation. Par égard pour la bienséance, nous ne reviendrons pas sur ce point désormais élucidé, mais nous devons à la vérité de la mettre ici toute nue. Nous dirons tout!... Entre le moment où ses yeux s'ouvrirent à l'évidence des choses et celui où il disparut par le bâillement violemment écarté de la porte, Labrême fut beau d'indignation. Mis debout d'un sursaut, ses regards chargés de haine lancés en dards empoisonnés à l'horloge dont ils flétrissaient la traîtrise et la perfidie :

— Salope! cria-t-il.

Et en sa voix se plaignaient les rancunes, les farouches, les âpres rancunes, d'un Arnolphe qui s'est laissé prendre aux cils baissés d'une Sainte Nitouche. Une dizaine de fois encore, tandis qu'il serrait sur son ventre la boucle de son ceinturon, il évoqua l'ombre grandiose du héros de Waterloo, puis il gagna la sortie en donnant leur libre volée à des essaims de « Sacré nom de Dieu ! » précipités et retentissants.

Dans le glacial silence, qui suivit sa disparition :

— Il est très bien, ce garçon-là, dit à mi-voix, le vieil habitué que l'incident avait arraché tout à l'heure à la lecture du *Journal des Débats*.

II

Labrême sorti, toute sa fureur tomba, avorta dans cette prostration accablée qui est fille des grandes catastrophes. Simplement, le garçon boucher insultant à sa détresse et lançant au calme de la rue les tonitruances d'une ironique gaieté, il lui jeta un coup d'œil d'assassin.

L'automne déjà sur sa fin agonisait dans des brouillards d'hiver, dans une ouate où, de loin en loin, s'élargissait l'étoile d'un bec de gaz. Le soldat demeurait sans un mot, les doigts aux hanches, le dos montré au petit café dont les mousselines s'enlevaient en clartés indécises fréquentées d'ombres de géants.

— Qu'est-ce que je vas fiche, bon sang de bon sort!

Le boucher haussa les épaules.

— Zut! fit-il; t'es trop couenne, aussi. En voilà t-y pas une affaire, parce que t'as manqué l'appel!... T'auras deux jours et ça fera le compte.

Mais l'autre:

— Deux jours!... deux jours!... Je me fous bien des deux jours, ma foi!

— Eh! bien, alors?

— Eh! bougre d'andouille, dit Labrême, c'est ma permission dans le lac!

— T'avais demandé une permission?

— Parbleu!... une permission de quatre jours, pour aller au mariage de ma sœur.

— Quand ça donc?

— Après-demain.

— Ah ! flûte !...

C'était plus grave. Le boucher cessa de rire, du coup; et, soulevant le bord de sa casquette, comme s'il eût voulu rendre hommage à l'infortune de son ami, pensif, il se gratta longuement. Les bouchers sont gens débrouillards, car ils sont enfants des faubourgs; celui-ci était un malin, de qui l'astuce naturelle s'était un peu aiguisée aux aspérités de la vie. Soudain, comme au loin, très loin, l'horloge de la cathédrale sonnait les trois quarts de huit heures et que ce mélancolique rappel de la hâte du temps à s'enfuir rejetait de nouveau hors de soi Labrême un moment atterré :

— Ah ! ça, mais... fit-il... Ah! ça mais...

— Qu'est-ce qu'y y a? dit Labrême surpris.

La main brusquement avancée et écarquillée dans le vide, l'œil fixé sur le clair-obscur d'une vision qui se dessinait :

— Il y a, répondit-il, que je viens de trouver un truc.

Labrême tressaillit.

— Un truc?

— Gy!

— Pour ma punition?

— T'y coupes !

— Non ?...

— T'y coupes, que je dis, t'y coupes !... Ou alors y a pus de bon Dieu.

— Bon sang de bon sort ! Faudrait voir à voir, en ce cas.

— Et à se presser. Où c'est t'y que perche le quart-d'œil ?

— Rue de la Sous-Préfecture.

— C'est à deux pas d'ici. Radine, vieux flambeau ; et au trot.

— Et le truc ?

— Nous en causerons en chemin. Le commissariat ferme à neuf heures. Nous n'avons que le temps. Allume !

III

Dans l'arrière pièce qui lui servait de cabinet et sur laquelle ouvrait le poste, le commissaire de police donnait puis épongeait en hâte, du block-buvard qu'il tenait à la main, des signatures aux paraphes imposants, embrouillés comme des écheveaux. Très sensible aux courants d'air il avait gardé son chapeau, et son visage, son neutre et morne visage, exempt de toute sévérité, exprimait une douceur plaintive de cocu résigné mais triste. C'était un homme de cinquante ans, sa barbe couleur de poussière empiétait jusque sous ses yeux. Un fin grésil de pellicules mouchetait le col de sa redingote, cependant que sur ses phalanges hérissées de touffes acajou, l'abat-jour de la lampe dressée près de son coude déversait des flots de lumière.

Quand il eut su par l'agent de service qu'un « militaire le demandait » :

— Faites entrer, fit-il sans lever le nez.

Labrême parut.

— Le commissaire de police?

— C'est moi-même, dit le magistrat.

Le soldat avança de trois pas, ramena le talon droit près du gauche, et la main au shako, il dit:

— C'est pour la chose qu'en m'en revenant au quartier j'ai trouvé un porte-monnaie.

Le commissaire de police (de son nom Désiré Trompette), était un homme plein de vertu, qui prisait au plus haut degré le commerce des gens de bien. La belle action de ce pauvre diable se détournant de son chemin pour venir restituer à César ce qui appartenait à César, lorsqu'il lui eut été si simple d'en engraisser son petit avoir, le remplit d'attendrissement. Ce fut presque les larmes aux yeux qu'il répéta :

— Un porte-monnaie !

— Oui, dit Labrême ; un porte-monnaie. Je l'ai trouvé au coin de la rue des Vieilles-Filles et du mail des Chardonnerets, à deux pas de la porte du quartier.

— Quand cela?

— Y a comme qui dirait un quart d'heure.

— Et vous étiez seul?

— J'étais seul.

— Bien. Veuillez me remettre l'objet.

Le chasseur s'exécuta. De sa poche, où sa main plongea jusqu'au poignet, il tira une bourse crasseuse, de ces bourses en forme de blagues qu'étrangle un frêle lacet de cuir, glacé de graisse et couleur jus de chique. Elle contenait onze francs et sept sous. Alors, ce fut un beau spectacle. M. Trompette s'était renversé dans le dossier arrondi en arc de son fauteuil, et les doigts au rebord de la table, il faisait, d'une voix lente et grave, toute mouillée de conviction émue, l'éloge de la probité. Labrême, lui, faisait la bête, protestait, devenait une fleur de modestie, disant qu'on était tous comme ça dans sa famille, que tout le monde, à sa place, en aurait fait autant, que ça ne valait pas la peine d'en parler, etc. , etc. Et ainsi ces deux honnêtes hommes rivalisaient d'éloquence, tandis que le boucher, dans la rue, pensait:

— Je n'ai pas été malin. Je n'ai plus de quoi aller prendre un verre. J'aurais dû garder vingt sous.

Labrême coucha à la boîte pour avoir manqué l'appel; mais le lendemain lui valut des surprises. Dans le même temps où le boucher, à l'autre extrémité de la ville, demandait d'une voix angoissée, au commissaire de police: « On n'aurait pas trouvé une bourse contenant onze francs et sept sous, que j'ai perdue, hier, vers neuf heures, du côté de la rue des Vieilles-Filles? » le maréchal des logis fourrier lisait la décision suivante aux hommes assemblés pour le pansage du soir :

« *Sur la demande de M. le commissaire de police, une permission de quinze jours est accordée au cavalier*

Labrême pour avoir trouvé une bourse et l'avoir fidèlement remise entre les mains de ce magistrat. Le colonel livre sans commentaires, aux méditations de tous, cet acte de haute probité. »

LA PREMIÈRE LETTRE

LA PREMIÈRE LETTRE

Liberté est laissée aux gens qui savent quelle parenté m'unit à Jules Moinaux de récuser mon témoignage. Quant à moi, je croirais accomplir un acte parfaitement absurde en exigeant de ma tendresse filiale plus de discrétion qu'il n'est de rigueur, et en taisant mon admiration pour les *Tribunaux Comiques* le jour où je trouve l'occasion de la manifester hautement.

Que dire des *Tribunaux Comiques* qui n'ait été cent fois dit? Longuement et à tour de rôle, Alexandre Dumas, Noriac et Armand Silvestre les ont étudiés et exaltés. C'est qu'il convient de voir en eux autre chose que de légers vaudevilles ou que des pitreries de tréteaux; ils constituent à n'en pas douter une expression définitive du génie comique de la race. L'observation en est puissante; l'écriture, simple en apparence, en est étonnante de justesse, de sobriété, de couleur, et quelle saine et noble gaieté s'y ébat la jupe troussée, les seins jaillis hors du corsage, comme une ribaude de Téniers! Aussi bien, n'est-ce pas un hasard qui fait se rencontrer sous ma plume le nom de Téniers et celui de Jules Moinaux. A vrai dire, il y a plus d'un point de ressemblance entre le peintre et le conteur. Chez le premier comme chez le second, c'est la même touche nette et franche, les mêmes dessous d'une solidité à toute épreuve, le même trait caricatural respectueux de la vérité, qui sauvegarde la ressemblance dans le burlesque de la charge; et si telles figures bouffonnes du vieux Maître vivent de cette même vie qui anime les marionnettes des *Tribunaux Comiques*, tels lumineux tableaux des *Tribunaux Comiques* ont les belles allégresses des kermesses flamandes.

Un jardin — y eût-on cueilli assez de bouquets pour en couvrir le marché de la Madeleine — n'est jamais absolument veuf des fleurs qui étaient sa gloire. Toujours quelques violettes subsistent, cachées sous le mystère des mousses; quelque rose qu'on ne soupçonnait pas est demeurée épanouie derrière l'enchevêtrement des ronces. A cette heure, les *Tribunaux Comiques* sont achevés; un cinquième volume, paru il y a trois ans chez l'éditeur Flammarion, a clos ce défilé d'études où Moinaux a synthétisé d'une si admirable façon l'esprit des choses et la bêtise des gens; pourtant, que de petits chefs-d'œuvre négligés, laissés de côté par l'auteur des *Deux Sourds*, en son désintéressement d'homme de lettres volontairement retiré des affaires, tout au souci d'écheniller, comme il faut, les Maréchal-Niel et les Gloire-de-Dijon de son jardinet de Saint-Mandé.

Pour mon compte, je sais une histoire qu'il inventa et dédaigna d'écrire, dont Panurge n'eut point désavoué la drôlerie extraordinaire. Si elle n'arrache pas au lecteur le fou rire auquel elle a droit, c'est que je l'aurai mal racontée, n'ayant ni la verve généreuse, ni le don d'observation aiguë de l'écrivain dont je suis si fier d'être le fils. Je ferai de mon mieux pour la bien dire; votre bonne volonté fera le reste.

Voici l'objet. Il s'agit d'un échange de mauvais procédés avec accompagnement de gifles, survenu entre deux commères du quartier de la Goutte-d'Or.

LE PRÉSIDENT
à un témoin qui vient de s'avancer à la barre

La femme Volet a cité la femme Beugnasse en police correctionnelle pour injures publiques et voies de fait. Vous êtes cité comme témoin à la requête de la plaignante. Faites votre déposition.

LE TÉMOIN

Monsieur, voici exactement tout comme c'est que c'est arrivé. C'est arrivé à huit heures du soir, dans la cour de la maison. Mme Volet, qu'était descendue tirer de l'eau, était de là, son seau à la main; bon, arrive Mme Beugnasse, qui se met à l'interpréter!

LE PRÉSIDENT

Comment! à l'interpréter?

LE TÉMOIN

Oui, M'sieu; rapport à des histoires qui avaient arrivé entre elles; des potins de femmes; des blagues, quoi!... « Ah! vous voilà, vous, qu'elle lui fait; nous avons un compte à régler. A ce qu'il paraît que vous auriez été faire du chichi et dire à la marchande d'abats que j'étais qu'une ci et qu'une l'autre? — Moi? qu' dit Mme Volet, tout interjectée. — Oui, vous, que reprend Mme Beugnasse. Ah! je suis qu'une ci et qu'une l'autre. Eh bien, vous, vous êtes une vieille vache.

Rires dans l'auditoire.

LE PRÉSIDENT

Ne dites que la première lettre.

LE TÉMOIN, qui ne comprend pas

Monsieur?

LE PRÉSIDENT

Il est inutile de préciser certains mots sur lesquels il n'y a pas à se méprendre. Dites-en seulement la première lettre. Le tribunal comprendra.

LE TÉMOIN, après avoir longuement rêvé

Ah! parfaitement! (*Il reprend le fil de son récit.*) Donc : « Vous êtes une vieille vache! » que crie Mme Beugnasse à Mme Volet. Entendant ça, je me dis...

LE PRÉSIDENT

Vous assistiez à la scène?

LE TÉMOIN

Comme je vous vois. Je venais de finir de dîner;

ça fait que je m'étais mis à la fenêtre pour fumer ma p... tranquillement.

LE PRÉSIDENT

Quoi?

LE TÉMOIN

Je m'étais mis à la fenêtre pour fumer ma p... tranquillement.

LE PRÉSIDENT

Pour fumer votre p?

LE TÉMOIN

Oui.

LE PRÉSIDENT

Quelle p?

LE TÉMOIN, hésitant

... Ma... pipe...

LE PRÉSIDENT

Pourquoi ne le dites-vous pas?

LE TÉMOIN

Parce que vous m'avez dit vous-même...

LE PRÉSIDENT

Je vous ai dit de glisser sur les termes dont la crudité serait de nature à scandaliser l'auditoire.

De là à tomber dans l'excès contraire !... (*Le témoin fixe sur le président des yeux arrondis d'inquiétude.*) Enfin !... Continuez.

LE TÉMOIN

... Je me dis : « A moins d'un hasard, ça va finir par du vilain. Tout à l'heure, y aura de l'erreur. » Je connais Mme Beugnasse, Monsieur, elle est teigne comme tout !... Et, en effet, la v'là qui s'emballe, qui s'emballe, disant comme ça que celles qui voudraient l'acheter, elle leur z'y enlèverait le ballon une belle affaire ; que les faiseuses de chichi, elle se les mettait quelque part et que Mme Volet était une salope.

Rires dans l'auditoire.

LE PRÉSIDENT, une pointe d'agacement dans la voix

Ne dites donc que la première lettre !

LE TÉMOIN, qui s'excuse

Pardon !... Mme Volet réplique ; la veuve Beugnasse, furieuse, lui lance une girolle à cinq feuilles ; voilà le chiqué qui commence. Moi, comme de juste, je fais ni une, ni deux ; je descends l'escalier, je traverse la cour, je me lance sur les combattantes et je les empoigne par leurs h...

LE PRÉSIDENT

Par leurs haches!...

LE TÉMOIN

Dame!... elles se battaient; je voulais les écarteler.

LE PRÉSIDENT, abasourdi

Elles se battaient à coups de haches?

LE TÉMOIN, avec un sourire

Oh, non!... à coups de poing seulement.

LE PRÉSIDENT

Vous venez de dire que vous les aviez empoignées par leurs haches.

LE TÉMOIN

Eh bien, oui!... (*Baissant les yeux.*) Par leurs... habits.

LE PRÉSIDENT

J'ai bien de la peine à me faire comprendre!... — Bref?

LE TÉMOIN

Bref, Monsieur, je les ai séparées comme j'ai pu. Mme Volet, qu'avait la figure tout en sang, braillait comme un cochon de lait; ce qui n'empêchait pas la mère Beugnasse de la vectiver, fallait voir!... la traitant de chameau et de garce et répétant : « Tu l'as eu, mon poing sur la gueule! Tu l'as eu, mon poing sur la gueule! » (*Rires dans l'auditoire. Le président, du bout de ses doigts, tambourine nerveusement sur la table.*) Une heure après, toute la maison était encore révolutionnée; et pis, pas que la maison : la ruc! tellement ça avait fait du foin!...

LE PRÉSIDENT

Ça avait fait du foin?...

LE TÉMOIN

Un peu!...

LE PRÉSIDENT, ahuri

Où ça donc?

LE TÉMOIN

Dans le...

LE PRÉSIDENT

Dans le quoi?

LE TÉMOIN

Dans... le... q...

LE PRÉSIDENT, hors de lui

Je vous retire la parole!

LE TÉMOIN

Pourtant...

LE PRÉSIDENT

Assez!... Allez vous asseoir! Je vous ai dit de ne rien dire que la première lettre.

LE TÉMOIN, qui avait voulu dire : « dans le quartier »

C'est ce que j'ai fait.

UN MOIS DE PRISON

UN MOIS DE PRISON

I

Marthe Passoire à O. Courbouillon,
député de Sarthe-et-Loiret.

Paris, 10 mars.

Monsieur le Député,

Pardonnez à une pauvre désespérée la liberté qu'elle prend de venir vous importuner au milieu de vos nombreux travaux. Pour que j'ose en user aussi indiscrètement avec un homme que ses mérites signalent au respect public depuis déjà tant d'années, il faut que j'y sois poussée par l'immensité du malheur qui me frappe, le plus grand, peut-être, qui ait jamais accablé une femme!... J'ajoute que Mme de T..., votre amie, Monsieur, et la mienne, m'a vivement engagée à m'adresser à vous, m'assurant que votre bonté est sans limites, votre complaisance sans bornes, et que vous vous ferez une fête de tendre à ma détresse une main secourable.

Veuille le ciel qu'elle ait dit vrai!

Monsieur le Député, je vais tout vous dire. C'est par la sincérité seule que je réussirai, je l'espère, à trouver le chemin de votre cœur. J'ai commis une faute, Monsieur le Député, une faute grave, si grave, tellement grave, qu'à la pensée d'en faire l'aveu, je sens le rouge me monter au front. J'ai été...—mon Dieu, quelle humiliation! — ... en un mot, j'ai été surprise en flagrant délit de ce que vous savez, avec mon neveu le petit collégien, un gamin de dix-sept ans et demi!...

Vous allez dire : « Mais c'est honteux! » Je le sais, Monsieur le Député, et si je pouvais racheter mes torts d'une pinte de mon sang ou d'une livre de ma chair!... Pourtant, vous ne sauriez me condamner sans m'entendre. Il faut être juste, n'est-ce pas? Il faut savoir faire la part des fatalités de la vie.

Oui, c'est honteux! Oui, vous avez raison! Oui, je suis la plus vile des femmes! Mais le repentir efface tout, et puis, je ne dois pas vous le taire davantage, je n'ai péché que par imprudence. Oh! pour ce qui est de ça, je puis vous la jurer sur ce que j'ai de plus sacré au monde : si je me suis renduc au rendez-vous de l'Hôtel Terminus, si j'ai accepté l'entrevue dont je devais revenir déshonorée, hélas! flétrie, souillée à tout jamais, je l'ai fait dans un but excellent. Je voulais sermonner ce bambin, qui me persécutait de lettres et de pièces de vers extravagantes; j'espérais le mettre à la raison, grâce à quelques paroles sévères. Malheureusement, les choses ont mal tourné. Seul avec moi, mon galopin a commencé à faire le fou, criant, pleurant, se frappant la tête contre le mur, jurant que j'étais toute sa vie, toute son âme et toute sa pensée, et me menaçant, si je ne cédais, de se brûler la cervelle à mes pieds. A la fin, j'ai perdu la tête... je ne sais plus ce qui s'est passé!... Bref, mon mari (qui, sans doute, avait eu vent de quelque chose) est survenu, accompagné du commissaire de police. Procès-verbal a été dressé, et j'ai été condamnée, hier, à un mois d'emprisonnement pour détournement de mineur. Un mois de prison, oh! mon Dieu!... Être enfermée pendant un mois à Saint-Lazare, avec les voleuses et les prostituées!... Jamais! Oh! cela, non, jamais!... Tout ce qu'on voudra, mais pas cela!... Plutôt cent fois, plutôt mille fois la mort!

Monsieur le Député, je n'ai plus d'espoir qu'en vous. Mme de T..., à laquelle je me suis confessée, me dit que vous êtes l'ami intime du ministre de la justice et qu'il vous suffirait de lui glisser un mot pour me faire obtenir la remise de ma peine à la commission des grâces. Ce mot, Monsieur, vous le direz, car vous voudrez, j'en suis sûre, m'empêcher de faire un malheur!... Ai-je besoin d'ajouter que toute une vie de gratitude, d'abnégation et de dévouement, ne suffira pas à payer un si éclatant service?

Dans la conviction où je suis que vous entendrez ma prière, que je n'aurai pas frappé en vain à la porte du plus noble et du plus généreux des hommes, je vous prie d'agréer, Monsieur le Député, l'expression du profond respect avec lequel j'ai l'honneur d'être

Votre très humble, très obéissante et bien affligée servante,

MARTHE PASSOIRE.

P. S. — Le petit collégien a été embarqué à bord de la *Belle-Junon*.

II

O. Courbouillon à Marthe Passoire.

11 mars.

Madame,

En réponse à votre lettre, je m'empresse de vous informer que je reçois tous les matins, de dix heures et demie à midi, et que je serais heureux de causer un instant avec vous.

Recevez, Madame, mes salutations.

O. COURBOUILLON.

III

Marthe Passoire à O. Courbouillon.

17 mars.

Monsieur et très cher ami,

Depuis que vous avez bien voulu m'accorder une audience, cinq jours se sont écoulés, cinq mortels jours, qui m'ont paru plus interminables que des siècles, et au cours desquels j'ai cru pouvoir me permettre de vous écrire quatre fois.

Mes lettres sont demeurées sans réponse.

Ne sachant que penser; cherchant, sans la trouver, l'explication d'un silence aussi prolongé que mystérieux, je me demande avec terreur ce que j'en dois augurer pour mon recours en grâce!... Auriez-vous recueilli sur mon compte des renseignements défavorables? En ce cas, je n'aurais plus qu'à me détruire, car jamais une femme sans défense, abandonnée de tout et de tous, ne se serait plus injustement butée à l'iniquité d'ennemis acharnés à vouloir sa ruine!... Heureusement, Monsieur et très cher ami, mon passé répond pour moi. Il est pur de toute souillure; ça, je peux vous le jurer sur la tombe de mon père! (Je ne parle pas de l'affaire du petit collégien; plus j'y pense, plus je suis convaincue que j'ai agi sous le coup d'un accès de folie.) Alors, quoi? Pourquoi ce silence? Aurais-je fait sur vous une mauvaise impression? Votre accueil si bienveillant, vos compliments si flatteurs, les paroles de consolation et d'espérance, si douces à mon inquiétude, que vous m'avez prodiguées, m'autorisent à n'en rien croire. Est-ce parce qu'à un moment je vous ai dit : « Otez vos mains; ne faites pas l'enfant, soyez sage! » Si c'est pour ça, si c'est parce que je vous ai parlé d'une façon aussi impolie, eh bien, je vous en fais mes excuses!... Je ne savais pas ce que vous vouliez; puis, je vous l'avoue, j'ai eu peur!... Vous aviez l'air d'un gros lion.

Par pitié, Monsieur et très cher ami, mettez un terme à mon supplice, en me faisant savoir si, comme vous deviez le faire, vous avez parlé pour moi à M. le garde des sceaux, et si, dans tous les cas, je puis toujours compter sur votre précieuse protection. Moi, c'est bien simple, je ne sais pas comment je vis! Je ne mange plus; je ne dors plus; on ne sonne plus à ma porte que je ne saute au plafond... je crois toujours que c'est les gendarmes! J'ai les nerfs dans un état!!!...

Votre dévouée et bien à plaindre,

MARTHE PASSOIRE.

IV

O. Courbouillon à Marthe Passoire.

(Par petit bleu télégraphique)

17 mars.

Chère Madame,

Vous êtes une enfant, de vous désoler ainsi. Un mois de prison, qu'est-ce que c'est, comparé à l'éternité? Tout cela, d'ailleurs, peut s'arranger; seulement, je vous en préviens, ça dépend de vous. Passez donc chez moi demain matin, autant que possible vers neuf heures. Nous causerons, touchant votre affaire.

Votre tout dévoué,

O. COURBOUILLON.

P. S. — Mon domestique a reçu des ordres. Il vous introduira directement près de moi; vous ne ferez donc pas antichambre.

. . . .

. . . .

. . . .

VI

O. Courbouillon à Marthe Passoire.

19 mars.

Je quitte le ministre.

C'est fait.

Je n'ai pu obtenir que la commutation de la peine, au lieu de la remise pleine et entière : la condamnation à un mois est remplacée par une amende de 2,000 francs. Comme vous êtes mariés sous le régime de la communauté, c'est ton mari qui la paiera.

Ma bouche sur le bec à Coco.

O.

VII

Marthe Passoire à O. Courbouillon.

20 mars.

O mon Coco!... O mon Coco!... Alors c'est vrai, hein? c'est vrai, dis? On ne me mettra pas en prison?... O jour de joie! jour d'ivresse!... Depuis ma première communion, je n'ai jamais été si heureuse!... — Et puis, tu sais, pour un député, tu es joliment polisson!...

Celle qui t'aime,

MARTHE.

P. S. — Est-ce que tu es aussi l'ami du ministre de la marine? En ce cas, tu serais bien mignon de lui glisser un mot à l'oreille pour qu'il fasse revenir mon petit neveu.

M.

QUAND JE PÉDALAIS

LA PREMIÈRE LEÇON

LE PHÉNOMÈNE

LA PREMIÈRE LEÇON

— Tenez le guidon sans raideur; veillez bien à ce que vos pieds ne quittent jamais la pédale, et allez carrément de l'avant!... De la confiance!... Toute l'affaire est là! — Allez! Je vous tiens.

Ainsi me parlait dans le dos l'auteur charmant des *Pieds nickelés*, mon ami Tristan Bernard, maître en l'art d'écrire le français et agrégé de vélocipède, si j'ose m'exprimer ainsi. En même temps, joignant le geste à la parole, il avait, de sa dextre robuste, empoigné, au ras de mon fond de culotte, la selle de la bicyclette, théâtre de mes premiers essais, et il en maintenait le fragile équilibre.

— Je vous tiens, répétait-il; allez!... Nom d'un

pétard! ne lâchez donc pas la pédale!... Ne lâchez donc pas la pédale!... Mais ne lâchez donc pas la pédale!...

— C'est à elle que vous devriez dire de ne pas me lâcher, répondis-je un peu agacé, inquiet, aussi, flairant la minute — prochaine — qui allait me voir couché, les quatre fers en l'air, dans les poussières du chemin.

Et le fait est qu'elle semblait le faire exprès, la pédale, tant était manifeste son obstination à se dérober à ma semelle pour tourbillonner ensuite dans le vide, avec la rotation précipitée d'une bobine qui se déroule. Mais, aveuglé par la passion, Tristan Bernard ne voulait rien entendre. Il apportait dans le débat une partialité révoltante, disant que j'étais dans mon tort, que je me servais de mes pieds comme un cochon de sa queue, et que tout cela, ça venait de ce que j'avais la vesse.

La vesse...

Rouge d'humiliation, je résolus d'infliger sans retard le plus éclatant démenti à cette assertion mensongère, et, ayant roidi mes mollets dont la tension élargit aussitôt les mailles de mes bas de laine à côtes, je mis ma bicyclette en mouvement.

La machine fit trois tours de roues.

Derrière moi :

— Très bien! Vous y êtes! fit l'invisible Tristan Bernard.

Puis, comme il répétait encore une fois : « Je vous tiens! » ajoutant : « Vous ne tomberez pas; c'est impossible! »

— Oui, déclarai-je avec l'humilité bien feinte du monsieur qui a craint de mourir et qui sent se développer en soi d'héroïques témérités à mesure que son cœur se rouvre à l'espérance, je crois que ça ira tout de même.

Et, en somme, mon Dieu, ça allait. Ça allait mal, mais ça allait. Ma roue de devant se conduisait bien un peu à la manière d'une femme saoule, hésitante de la route à suivre, opérant de brusques conversions tantôt à droite, tantôt à gauche, qui m'eussent inévitablement précipité à bas de ma selle, n'eût été la main tutélaire de l'excellent Tristan Bernard; n'importe! la conscience où j'étais des progrès déjà accomplis décuplait mon énergie, et ma confiance puisait des forces toujours nouvelles en ma certitude désormais absolue de ne plus courir aucun péril.

De temps en temps, avide d'être encouragé, de recueillir de justes éloges :

— Ça va, hein? demandais-je à Bernard toujours arcbouté sur ma selle.

Lui, immédiatement :

— Très bien! Vous avez des dispositions.

— Sans blague?

— Ma parole d'honneur.

— Tristan Bernard, vous vous moquez!

Alors, comme Alceste à Philinte :

— Je ne me moque point! assurait-il. Que ma figure se couvre de pustules, si vous n'allez seul dans deux jours!

Ces paroles me donnaient de l'espoir.

Cependant, il arrivait cette chose extraordinaire que plus je gagnais en vitesse, plus la voix de Tristan Bernard perdait en sonorité!... Il semblait qu'elle s'évaporât!... à croire que la mince couche d'air interposée entre moi et mon interlocuteur s'élargissait petit à petit, comme un soufflet d'accordéon; et je me réjouissais *in petto* mille fois plus que je ne saurais dire, car je ne doutais point que l'auteur des *Pieds nickelés* s'époumonnât à courir sur mes traces, préposé qu'il était au maintien et à la sauvegarde de mon centre de gravité.

L'homme est naturellement bon; il aime à faire payer les services qu'on lui rend. L'idée que mon obligeant ami pouvait payer ses bons offices d'un commencement d'apoplexie n'avait rien qui me déplût; loin de là! En sorte que, me représentant, par la pensée, ses yeux injectés d'épuisement et son épaisse barbe brune ruisselante d'une humidité de mauvais aloi, je sentais pousser à mes pieds les ailes du divin Mercure, et que ma bicyclette, à cette heure, filait sur ses pneus, comme le vent.

Quelques minutes s'écoulèrent.

Soudain :

— Vous avez chaud, mon vieux? demandai-je à Tristan Bernard, d'une voix doucement ironique.

L'interpellé ne répondit pas.

— Plus un mot! pensai-je, pouffant de rire; il ne peut plus placer un mot!...

Puis, haut :

— Ne vous gênez pas pour moi. Voulez-vous vous reposer un peu?

Silence.

Ça devenait surprenant.

— Vous m'entendez, Tristan Bernard?

Rien encore.

Du coup, l'inquiétude me prit. Que signifiait un tel mutisme? Les pieds rivés à la pédale, les doigts crispés sur le guidon, je jetai un coup d'œil derrière moi... Miséricorde! J'étais seul!!! A droite, à gauche, à perte de vue, fuyait l'immense tapis des champs hérissés de bluets et de coquelicots, tandis que là-bas, tout là-bas, silhouette que détachait en noir d'ombre chinoise le fond clair de l'horizon, Tristan Bernard, assis sur la crête d'un talus, me faisait signe de continuer.

Quoi donc!... je tenais sur ma machine sans le concours de qui que ce soit?... Depuis peut-être dix minutes, je devais à mes seuls talents de fouler le sol poudreux de la route?... Ah! ça ne traîna pas, je vous le jure! Le sursaut des charmes rompus me frappa, à l'instant même, d'un coup de pied dans l'estomac. Je culbutai. Ma bicyclette tomba sur le flanc comme une masse, et je tombai, moi, sur la figure, empourprant du sang de mon nez les mille arêtes d'un tas de cailloux que la main de la Providence, toujours généreuse en ses vues, avait mis là, fort à propos, pour me recevoir.

LE PHÉNOMÈNE

I

— Monsieur, c'est pour prendre une leçon, dit timidement au père Croustelier, directeur des *Pistes Galantes*, un jeune homme qui briguait l'honneur de marcher avec son temps. (Quel homme de progrès, digne de ce nom, n'a compris ce que je voulais dire ?)

Enfermant de sa main sa longue barbe, laquelle égale en longueur celle du prophète Mathathias :

— Rien de plus facile, répondit le père Croustelier. Avez-vous déjà monté?

— Non.

— Jamais?

— Non, Monsieur ; jamais.

A ces mots, le père Croustelier :

— Avant de passer à la pratique, permettez-moi d'entrer, dit-il, dans quelques explications. L'art qui consiste à se maintenir sur une bicyclette en marche n'est pas ce qu'un vain peuple pense ; car il s'agit pour le bicycliste apprenti, non d'acquérir son équilibre, ainsi qu'il le croit volontiers, mais simplement de le reconquérir au plus vite, après avoir déployé, pour le perdre, des trésors d'habileté et des prodiges d'astuce. Considérez, en effet, qu'une bécane — c'est le terme consacré — tient toute seule ou à peu près, puisqu'une pierre posée sous son pneu ou la simple mise en contact de sa pédale avec la saillie d'un trottoir suffisent à la consolider ; remarquez d'autre part que l'homme, si bête soit-il, est tout de même supérieur à un vélocipède, en clairvoyance et en compréhension ; qu'il ne saurait parvenir, cependant, à demeurer d'aplomb sur ses jambes, si ce n'est après un entraînement d'un an au moins et de deux au plus, et que, par conséquent, le seul fait de se rendre où l'appellent ses affaires, à pied et les mains dans ses poches, constitue de sa part l'accomplissement d'un extraordinaire tour de force. Examinez la question sous ces différents aspects et vous reconnaîtrez avec moi qu'en se confiant à un bicycle, l'homme non seulement ne compromet pas son équilibre naturel, mais qu'il le renforce au contraire, l'étayant d'une solidité beaucoup plus stable que la sienne!... Tels sont, Monsieur, les aperçus que livre à vos méditations ma connaissance approfondie d'une carrière noble entre toutes. Un mot encore, un! et je termine : le prix de la leçon est de trois francs, on traite à forfait pour un louis.

II

Nous étions là une demi-douzaine de crétins, fruits secs des *Pistes Galantes* et désespoir du père Croustelier, que rendait peu à peu idiot, puis enragé, notre obstination surprenante à n'accomplir aucun progrès, à ramasser chaque jour quelques pelles de plus que la veille et à lui meurtrir les tibias du bout pointu de nos souliers, en vain agités dans le vide, à la recherche des pédales, tandis qu'il nous maintenait de force, lui, les tempes en sueur, les doigts crispés sur nos échines. Le personnage auquel s'adressait le discours ci-dessus, avait reçu du ciel, en naissant, une face doucement hébétée. Son sourire, dont la niaiserie défiait toute comparaison, donnait de sérieux tuyaux, et ses yeux, projetés hors sa face, jaunes et ronds comme des boules de crottin frais pondues, miroitaient du terne reflet des candeurs immarcessibles. Aussi, son apparition avait-elle embrasé nos cœurs des feux les plus doux de l'allégresse. Car la fierté, qui est le propre de l'homme à l'égal du rire, si ce n'est plus, a ses petites exigences, exigences d'autant plus impérieuses qu'elles sont moins justifiées, ceci conformément à la loi de nature et à l'ordre rationnel des choses. Qu'est l'orgueil d'un Leverrier, voyant apparaître au jour dit et à la place désignée en l'immensité des espaces l'étoile annoncée depuis dix ans, comparé à la gloire d'un cancre qui a trouvé son semblable?

III

Le postulant avait écouté la harangue avec une attention scandée de hochements de tête approbatifs.

A la fin :

— En somme, fit-il, combien faut-il de temps pour apprendre à se tenir.

— Ça dépend, répondit le père Croustelier. J'ai vu des gens rouler tout seuls en vingt minutes ; j'en ai vu d'autres...(Il prit un temps, fit converger sur nous ce strabisme de mélodrame dont Caran d'Ache se plaît à assombrir les masques aux sourcils froncés de ses délicieux bonshommes) j'en ai vu qui, au bout d'un mois, en étaient juste au point de départ!... Question de volonté et d'intelligence, voilà tout.

— Parfaitement, approuva le jeune homme. Eh bien! si ça vous est égal nous travaillerons à la leçon.

— Je vous préviens qu'en principe il y a économie à traiter à forfait.

— Peuh!... Ça ne doit pas faire une bien grosse différence, et puis enfin on ne sait jamais ;... des fois que j'aie des dispositions...

Nous pensâmes mourir de joie, à cette déclaration bouffonne.

— A votre aise! conclut courtoisement le directeur des *Pistes Galantes*. Nous allons commencer tout de suite.

Une bicyclette, échouée de la selle contre un tronc d'arbre, se trouvait à portée de sa main. Il l'attira, et, tant bien que mal, y installa son nouvel élève, non sans l'avoir au préalable lesté des conseils d'usage : « Pesez ferme sur les pédales ; vous êtes sur un terrain solide. En revanche, partez bien de ce principe que le guidon est un conducteur et pas du tout un point d'appui. Le pied lourd et la main légère ; tout le secret de l'équilibre est là. »

— Allez, ordonna-t-il.

Le jeune homme obéit. La machine se mit en mouvement,

— Très bien ! cria le père Croustelier. L'assiette est bonne. Ça ira !...

En la courbe sablée de la piste, où des bicyclistes en herbe, parachevant leur éducation, décrivaient un cercle sans fin, se dépassaient à tour de rôle avec les emballements soudains et les insensibles ralentis des petits chevaux de casinos, le disciple et le professeur commencèrent à rapetisser. Un lourd ciel planait immobile ; de pâles lavis azurés y mettaient, ça et là, les timides éclaircies d'une matinée de printemps qui veut se faire prier, et, par moments, la brise d'avril, filtrée à travers les verdures nous apportait, mêlée à des effluves de roses, les encouragements du père Croustelier : « Très bien !... Excellent !... Parfait ! » ses recommandations, aussi : « Appuyez sur les pédales ! Regardez à cent pas devant vous, et si vous vous sentez tomber, obliquez votre roue de devant dans la direction de la chute ».

L'un suivant l'autre et l'étayant, les deux hommes firent un tour de piste, après quoi le vieux dit au jeune :

— Si vous voulez vous reposer?

Mais le jeune :

— Pourquoi donc faire? Je ne suis point fatigué du tout. Et même, si ça vous est égal, je vous demanderai de me lâcher !

— Comment, de vous lâcher?

— Oui, pour voir... des fois que je pourrais aller seul. Je ne sais pas à quoi ça tient : je crois que j'ai des dispositions.

— Monsieur, dit le père Croustelier, le coin de la lèvre troussée sur une ironie discrète, vous allez vous casser la figure, je vous préviens.

— Qu'est-ce que vous voulez que ça me fasse? D'ailleurs les morceaux en seront bons.

— Vous y tenez?

— Essayons toujours ; nous verrons bien.

Un instant indécis, équitablement partagé entre le sentiment du devoir et la séduction qui s'offrait d'infliger une petite leçon à ce délire présomptueux, le bonhomme gardait le silence, la main demeurée au troussequin de la selle, le pas peu à peu ralenti. Mais comme le chœur des crétins lâchés en escorte sur ses traces, l'ahurissait d'une dolente prière, répétant: « Puisque monsieur sait!... Puisqu'il a des dispositions!... Laissez-le donc aller, Monsieur Croustelier!... Laissez-le donc aller tout seul ! » dans l'espoir de bien rigoler :

— Eh! s'exclama-t-il, à votre aise! Cassez-vous la figure, si ça vous fait plaisir. Je m'en moque, moi, après tout!

Il dit, et, à ses doigts velus dont il entrebâilla l'étau, le néophyte échappa, parti tout droit devant soi comms un papillon léger. Le temps aux crétins de faire « Ouf! », il était déjà à trente pas, emporté dans une fuite hâtive de petit lapin qui regagne son trou, prenant l'avance sur qui lui barrait le chemin, et virant aux tournants comme s'il n'eût fait que cela toute sa vie. Une, deux, trois fois, — seul à présent ! — il parcourut l'ovale allongé de la piste, trois fois ramené devant notre groupe consterné et le saluant chaque fois, au passage, de cette même constatation, dont l'humilité bien feinte nous faisait passer des fourmis jusqu'en l'épiderme des orteils :

— Oui, je crois que j'ai des dispositions !... Oui, je crois que j'ai des dispositions.

J'en aurais mangé sur du pain !

Cependant, la figure du père Croustelier valait la peine d'être vue. Ce bon vieux en était vraiment comme une tomate.

— Bravo ! Épatant ! hurlait-il les bras élevés vers le ciel, dans l'attitude du muezzin appelant, au coucher du soleil, les fidèles à la prière. Voilà un garçon d'avenir ! Hip ! pour le débutant ! Hurrah, pour le débutant ! Bravo ! Bravo !

Il braillait comme un cochon de lait, dans l'excès de son enthousiasme. Il finit par amener sur moi un de ces clignements d'œil assassins, qui en disent plus qu'un long poème et humilient plus qu'un soufflet. En même temps, il battait la mesure avec sa tête, il ricanait :

— Ça vous la coupe, ça, mon gros. Hein, ça vous épate un petit peu?

Dédaigneux :

— Qu'est-ce que ça a d'épatant? dis-je. Ça ne me coupe rien du tout. Tout le monde peut en faire autant.

— Tout le monde peut en faire autant?

— Oui.

Ah! ce n'est pas pour faire le malin, ni pour pimenter ce récit d'un ingrédient de mauvais aloi ; mais je crus bien ma dernière heure venue! Avant que j'eusse pu comprendre d'où m'arrivait ce coup de mistral, je me sentis soulevé comme un baril d'anchois; deux mains plus larges que des assiettes s'étaient venues plaquer à mes flancs; et, à cette heure, les jambes ballantes, suspendu entre ciel et terre, je haletais, fou de terreur, dans le vide, tandis que, vert d'indignation, le père Croustelier bégayait :

— Fichez-moi le camp! Oust! Hors d'ici! Qui est-ce qui m'a bâti un polichinelle pareil, un propre-à-rien, une buse dont on ne peut rien tirer, qui à l'air de chiner les autres et dit comme ça que tout le monde peut en faire autant? Ah! tout le monde peut en faire autant? Ah! tout le monde peut en faire autant? Eh bien! allez en faire autant où vous voudrez; quant à moi je vous ai assez vu. J'en ai plein le dos d'un client comme ça, qui me casse mes machines les unes après les autres et me défonce les tibias, à coups de souliers! Voilà vos vingt francs! Caletez! Et essayez voir un peu de remettre les pieds ici : c'est à moi que vous aurez affaire.

Là-dessus, il me déposa sur l'asphalte de l'avenue, puis se déroba à mes regards, en ramenant violemment sur lui la porte de son vélodrome.

— Je n'ai que ce que je mérite, pensais-je. Si, au lieu de m'obstiner à travailler sur piste, j'avais travaillé sur route, carrément, au milieu des chevaux et des voitures, j'en saurais aussi long que lui à l'heure qu'il est. Désormais, je travaillerai au Bois.

IV

Huit jours plus tard, le nègre du Bois de Boulogne, qui avait hérité de ma clientèle, ramassait mélancoliquement les débris de la bicyclette qu'il avait confiée à mes petits talents et dont je venais de casser la fourche, en me butant dans un tronc d'arbre, quand un jeune homme s'approcha de lui : un jeune homme à la face doucement hébétée, au sourire dont la niaiserie défiait toute comparaison, aux yeux jaunes et ronds émergés des orbites et pareils à des boules de crottin frais pondues.

Je songeai :

— Je connais cette figure !

Il parla.

Je me dis :

— Je connais cette voix !

— Monsieur, expliqua-t-il, c'est pour prendre une leçon.

— Rien de plus facile, dit le nègre. Avez-vous déjà monté ?

— Non.

— Jamais ?

— Non, Monsieur, jamais.

Du coup :

— Ah ça, je connais ce dialogue !

Brusquement, je tapai mes mains l'une à l'autre ; triomphant enfin de ma mémoire rétive et reconnaissant dans le nouveau venu mon phénomène de l'autre jour. Je comprenais tout, à présent ! Depuis des semaines, des mois, peut-être des années, le farceur faisait la bête, donnait la comédie du monsieur qui débute, se payait pour trois francs par jour la satisfaction d'étonner la galerie et de se concilier des admirations par ses aptitudes, il faut le dire, vraiment extraordinaires !... J'applaudis, *in petto*, de toutes mes forces, à son ingéniosité et me promis de prendre modèle sur lui du jour même où mes moyens me mettraient en état de le faire.

LE CHEVALIER HANNETON

LE CHEVALIER HANNETON

I

À Auguste Sauphar.

Féru d'amour pour la petite Machinchouette du théâtre des Douces-Folies, où elle faisait le troisième coléoptère dans le ballet des insectes du *Chat Échaudé*, je résolus de prendre exemple sur le capitaine Fracasse, et de parvenir par le cabotinage jusqu'au cœur de celle que j'aimais.

Legourdo, que nous vîmes depuis aux Menus-Plaisirs, menait en ce temps les Douces-Folies, je dirai même qu'il les menait à la faillite avec une incomparable dextérité. Je vins solliciter de lui un petit emploi dans sa troupe (à titre purement honorifi-

20

que, est-il nécessaire de le dire?) et je demeurai confondu de l'accueil charmant qu'il me fit. Non seulement il se mit à ma disposition de la meilleure grâce du monde, mais encore il me proposa spontanément de m'intéresser à son entreprise pour une somme de cinq cents louis!... Touché de cette marque de sympathie, j'acceptai l'offre avec le plus vif plaisir.

— Vous pouvez, me dit-il alors, vous vanter d'avoir de la veine. J'ai reçu aujourd'hui de Marbouillat, qui jouait le chevalier Hanneton, à l'acte du royaume des insectes, une lettre m'informant qu'il me lâche. Voilà tout à fait votre affaire. Soyez ici ce soir, à neuf heures et demie.

Je m'exclamai :

— Comment, ce soir !... C'est ce soir que je débuterai?

— Sans doute.

— Diable! fis-je à mi-voix, en effritant du bout de mon ongle le cratère de la petite verrue qui fleurit à l'extrémité de mon appendice nasal, c'est peut-être un peu précipité. Je n'y mets aucune prétention ; cependant, je voudrais débuter dans des conditions convenables ; je ne tiens pas à me faire emboîter devant la petite Machinchouette. Or, pour peu que le chevalier Hanneton ait seulement deux cents lignes à dire...

A ces mots :

— Rassurez-vous, dit Legourdo, les doigts agités dans le vide en un geste pacificateur ; le rôle n'a pas cette importance. Il est tout de finesse et de tenue. Tranchons le mot : c'est un rôle muet.

Puis voyant mon front s'empourprer d'une rougeur d'humiliation :

— Je m'empresse d'ajouter, reprit-il, qu'il est d'un effet certain.

— Oui ?

— Oui.., et — qualité appréciable — de nature à avantager la plastique des personnes bien faites.

— Ah ! ah !

— Voilà qui vous décide ?

— Un mot encore, répondis-je. Comment est-ce que je serai habillé ?

— En or et noir.

J'entendis mal. Je me vis costumé en vespasienne, et l'évoqué dégradant d'une semblable mascarade me jeta au violent soubresaut d'un monsieur qui reçoit une claque ; mais Legourdo ayant rectifié le tir et dissipé la confusion dont je venais d'être victime, je sentis, comme Ange Pitou dans la *Fille de Mme Angot*, mon cœur renaître à l'espérance. Il s'ouvrit tout grand à l'orgueil lorsque mon interlocuteur, d'un simple et combien éloquent : « Vous apparaissez par une trappe », eut fait flamboyer à mes yeux la torche des gloires assurées. Quoi ! tout de noir et d'or vêtu, j'apparaîtrais par une trappe ?... Somptueux et majestueux, lentement, je surgirais au-dessus du plancher de la scène comme une manière de soleil au-dessus d'une espèce d'océan ?... et ceci dans l'éblouissement d'un jet de lumière électrique ?... Ne doutant pas que, dans ces conditions, je dusse faire sur l'esprit de la petite Machinchouette une impression favorable, je n'avais plus à hésiter.

— Eh bien ! c'est entendu, dis-je à Legourdo ; vous pouvez compter sur moi. A l'heure dite je serai ici.

II

Et à l'heure dite, je fus là. Le régisseur de la scène, que j'aperçus derrière un portant, et à qui je vins demander, le chapeau à la main, de vouloir bien m'indiquer ma loge, fixa et arrondit sur moi des yeux en gueule de tromblons. C'était un homme formidable, aux épaules de déménageur, au crâne taillé dans un pavé. Comme il restait sans paroles, avec l'air de ne pas comprendre :

— Ma loge?... répétai-je, ma loge?... pour m'habiller!... C'est moi qui remplace Marbouillat dans le rôle du chevalier Hanneton.

Ah! il comprit du coup! J'eus un recul terrifié. Les poings hauts, les mâchoires béantes, le personnage s'était brusquement rué sur moi, et sans que je pusse démêler, même d'une façon embryonnaire, le pourquoi de son emportement, il se mit à me couvrir d'injures, criant que je n'étais « qu'une saleté de figurant », demandant depuis quand « les poires » de mon espèce se permettaient de pénétrer sur le théâtre en dépit des règlements formels, disant que « je lui foutais des vents » avec mes petits favoris, et que si je ne me dépêchais d'aller retrouver les comparses, là-haut, au sixième étage, dans la loge de la figuration, il allait m'y conduire lui-même à coups de souliers au derrière; enfin, des choses très mortifiantes, d'autant plus faites pour me toucher que la présence de la petite Machinchouette, malencontreusement survenue au moment de l'entretien, et dont l'assassine goguenarderie, compliquée de : « C'te gueule ! C'te gueule ! » à moi lancés comme des banderilles, redoublait mon humiliation. J'abrégeai cette scène pénible en gagnant précipitamment le sixième étage du théâtre.

Un quart d'heure plus tard, ivre de joie, je mirais dans le cadre d'une glace ma triomphante silhouette de chevalier Hanneton.

Mon costume me rendait pareil à un jeune dieu ; je le dis sans fausse modestie. Matelassé çà et là de petits sachets ouateux, propres à souligner la grâce, charmante sans doute mais un peu frêle peut-être, de mes cuisses et de mes mollets, il se composait d'un collant de soie noire et d'un corselet, noir aussi, sur lequel mordait le vis-à-vis d'une double rangée de dents blanches. Deux ailes larguées dans mon dos y épanouissaient, — joie des yeux ! — la splendeur de l'or en fusion, en sorte que c'était vraiment d'un goût exquis. Cependant, il y avait plus beau ; oui, il y avait plus beau encore : mon casque !... à facettes, s'il vous plaît, verni comme des souliers de bal et pourvu d'une paire d'antennes qui dressaient vers le ciel leurs phalanges écartées, pareilles aux suppliantes mains d'une jeune mère implorant en faveur de son nouveau-né la pitié du lion de Florence. Éblouissant de mille feux et jouant le jais à s'y méprendre, il empiétait sur mes pommettes, masquait mon front jusqu'aux sourcils, caparaçonnait mon menton depuis la lèvre inférieure, emprisonnait mon nez sous une toile métallique que mon habilleur, homme habile, avait, au préalable, enduit d'un badigeonnage de pétrole destiné à donner du reflet. Je vous dis que c'était d'un goût!... J'avais l'air encapuchonné dans un morceau de charbon de terre. Oui, je devais connaître en ce jour à quelles acuités délicieuses peuvent atteindre les transports d'une personne flattée dans son amour-propre. N'importe, le devoir m'appelait par la bouche de l'avertisseur paru sur le seuil de la loge et hurlant formidablement : « A vous, le Hanneton !... A vous ! » Je m'élançai. La hâte légitime où j'étais de mordre à même mon triomphe me mettait des ailes aux chevilles.

III

Par les dessous du théâtre où me déversèrent des successions d'escaliers enténébrés et vermoulus, dont les marches vacillaient sous la semelle comme, sous la pesée du dentiste, vacillent des dents déchaussées, je m'aventurai avec précaution, voire avec un peu d'inquiétude. Brusquement, en effet, une terre inconnue se révélait à mes regards, toute une contrée insoupçonnée de pilotis enchevêtrés, dressés en X, en T, en H, et qu'écrasait de sa pesanteur un plafond fêlé de minces caustières. Et à la lueur jaune de quinquets brûlant mélancoliquement derrière des grillages de laiton, c'était le mystère inquiétant des activités silencieuses; des ombres allaient et venaient, dont je distinguais les cous puissants émergés de tricots à bandes bleues, les mains en gigots de moutons, les pieds chaussés d'espadrilles. Ces gens se grouillaient, il fallait voir! Ils tiraient sur des câbles, baladaient des portants, se chamaillaient les uns les autres sans que je pusse saisir un mot de leurs discours, tandis que le piétinement du corps de ballet roulait des bouteilles dans le plafond et qu'aux alanguissements lointains d'une valse gémie à l'orchestre, venait se mêler, tombée de la bouche d'un porte-voix comme d'une gouttière une trombe d'eau, la voix du chef machiniste posté là-haut, dans la coulisse.

— Attention!... Ouvrez les tiroirs!...

Il disait, et au même instant une rondelle du plafond glissée sur ses rainures démasquait une gueule de citerne où s'engouffraient des flots de clarté et de mélodie.

— Appuyez! commandait la voix.

Et le mot n'avait pas été dit, qu'on voyait s'élever lentement, les pieds écartés en équerre, sur la plateforme d'une planchette que chassait vers le ciel l'effort de huit bras nus, une forme rigide et imposante : quelque bonne fée ou quelque malfaisant génie ; celui-ci renfermant sur son corps ses ailes sinistres de chauve-souris ; celle-là s'arc-boutant à sa canne, et révélant, avec une tranquille impureté, par l'écartement de sa tunique, la splendeur charnue de sa cuisse. C'était curieux et bien fait ; on aurait dit de la montée lente d'une fusée. Pour moi, j'admirais de toutes mes forces, un peu déçu, pourtant, je l'avoue, car l'idée ne m'était pas venue que je dusse partager avec des étrangers la satisfaction d'être jeté tout vif à la surprise et aux acclamations d'une foule délirante d'enthousiasme. C'est vrai, quand on s'est habitué à se prendre pour le soleil, rien n'est plus agaçant et plus insupportable que de se buter à une concurrence. Or, comme je rêvais à ces choses, voici que s'éleva de nouveau, dans le silence bourdonnant des dessous, l'organe tonitruant du chef machiniste.

— Attention !

Je tendis l'oreille, visité d'un pressentiment.

— Amenez le chevalier Hanneton.

Le chevalier Hanneton ?...

Je devins pâle,

Mon sang afflua à mon cœur où il sonna à coups de bélier. Ah! l'approche des victoires certaines! le seuil enfin aperçu, des paradis convoités longuement! A travers le trouble indicible où tout mon être se liquéfiait, une vision m'illumina; je vis la salle debout, saluant en ma personne, d'applaudissements unanimes, le lever d'un astre nouveau, cependant que, frappée du coup de foudre, la petite Machinchouette éperdue, ramenait ses mains sur son cœur pour en comprimer les battements. Je m'approchai ; une planchette de bois me reçut, un plateau dont maintenaient les bords quatre grands gaillards accroupis.

L'un d'eux me questionna.

— Vous y êtes?

— Oui, répondis-je, après m'être assuré de la main que les petits matelassés ouateux de mon collant étaient toujours à la même place.

L'autre alors :

— Bon !... Tenez-vous droit, les bras au corps et les talons sur la même ligne. Et ne craignez rien ; il n'y a pas de danger !

Comme il achevait :

— Appuyez ! meugla lugubrement le porte-voix acoustique.

D'un mouvement simultané, les quatre accroupis se dressèrent. J'eus l'impression d'une poussée brusque, me projetant de bas en haut par la pénombre, et saoul d'orgueil, défaillant à l'avance sous le poids des gloires qui m'attendaient... j'allai taper de mon crâne au plancher de la scène! La trappe, QUE LES MACHINISTES AVAIENT OUBLIÉ D'OUVRIR, arrêta au passage l'essor sonore de ma tête, laquelle, à l'instant même, rentra en mes épaules, telle, à la foire au pain d'épices, la tête enturbannée du Turc, sous le coup de massue de l'amateur qui a parié de faire sortir Rigolo.

L'ART DE CULOTTER UNE PIPE

L'ART DE CULOTTER UNE PIPE

A Paul Gégnon.

Ma femme m'ayant donné, à l'occasion de ma fête, une pipe en écume de mer, je ne fis ni une ni deux : je pris mon chapeau, je mis mes bottes et je courus fumer mon cadeau à la terrasse du petit café dont je suis l'habitué fidèle. Attablé depuis dix minutes devant une consommation, je regardais grouiller la foule en tirant de mon tuyau d'ambre des extases avec des bouffées, quand un vieillard vint à passer. A ma vue, il s'arrêta net ; il devint blême, puis livide, et tout à coup se précipitant sur ma pipe, il me l'arracha de la bouche en criant : « Misérable fou ! »

Mon premier mouvement fut de me lever et de

reprendre à coups de poing mon bien. Par bonheur, mes yeux se fixèrent sur les cheveux de neige de mon agresseur, circonstance qui eut pour effet de me ramener à la modération. Je me souvins du *De senectute*, du passage si plein d'émotion où l'avocat des Pisons rend hommage à la vieillesse, dit les égards qui lui sont dus, rappelle qu'au temps où Athènes florissait, le Sénat, dans les jeux publics, se levait à l'entrée des plus vieux ainsi qu'à l'entrée des plus belles. Je me rassis donc et, simplement :

— En voilà un vieux trou-de-balle, dis-je. Voulez-vous bien me rendre ma pipe !

Lui, cependant, avançait vers ma face sa face aux lèvres balbutiantes, aux sourcils alourdis de haine. Ses regards, entrés dans les miens, fouillaient jusqu'au fond ma pensée, comme pour y traquer des remords.

De cette voix profonde où gronde le trémolo des indignations qui se contiennent :

— Insensé ! reprit-il enfin. Quoi ! vous avez une pipe d'écume et vous la fumez en plein air ! ! !

— Eh bien ? dis-je.

Il répondit :

— Eh bien, de deux choses l'une : ou vous êtes un pauvre ignorant, ou vous êtes le dernier des hommes.

Ce langage plein de sévérité ne me laissa pas indifférent. Il me donna à supposer que j'avais commis sans le savoir quelque déplorable hérésie, en sorte que j'engageai le vieillard à me fournir des éclaircissements. Je le priai en même temps de me restituer ma pipe, ce qu'il se montra prêt à faire ; mais, comme j'avançais les doigts pour m'en saisir, il la recula d'un geste brusque et avec de tels éclats de voix que les passants s'en émurent :

— Pas par là ! Pas par le fourneau ? A-t-on idée d'une chose pareille ?... Vouloir prendre par le fourneau une pipe en écume de mer !

Étonné et vaguement inquiet, je l'allais prendre par le tuyau, quand :

— Pas par le tuyau non plus ! hurla de nouveau le personnage. Avez-vous perdu tout bon sens, que vous songiez, ayant une pipe en écume, à la prendre par le tuyau ?

Alors je me sentis plein de trouble ; et tandis que l'inconnu, ayant tapé ma pipe au zinc de mon guéridon pour en faire tomber le culot, la recouchait en la soie ponceau de son écrin qu'il refermait ensuite avec un soin pieux, je pris la parole en ces termes :

— Plus je vous regarde, plus je vous écoute, et moins je doute que je doive voir en vous un homme en dehors du commun. A mon sens, vous savez mille choses que je suis loin de soupçonner, mais surtout je vous crois passé maître en l'art singulièrement délicat de pratiquer la pipe en écume de mer. Je lis sur votre visage que j'ai deviné la vérité. Combien j'envie votre expérience!... Avec quelle volupté j'en recueillerais les fruits?... Mettez donc le comble à vos bienfaits; prenez un siège, bon vieillard, acceptez une consommation, et inondez d'un flot de clarté les ténèbres inexplorées où croupit ma triste ignorance.

C'était un homme d'une grande bonté. Il se rendit à ma prière. Or, en cette journée mémorable, je devais à plusieurs reprises sentir des étonnements s'épanouir au fond de moi, ainsi que de larges fleurs.

Tout d'abord, ayant jeté les yeux sur la poche de mon veston où se carrait un paquet de scaferlati à la gueule béante et brune, il critiqua, non sans aigreur, cette obstination des fumeurs à ouvrir leurs paquets de tabac en faisant éclater la bande, timbrée au cachet de la régie, qui les ligotte d'un large et fragile ceinturon. Il exposa que la pipe d'écume demande à être bourrée contrairement au fil du tabac et dans le sens de la hachure, vu les lois de la pesanteur, l'attraction des corps par le centre de la terre et les tendances de la nicotine à se masser dans le fond de la pipe au lieu de se répartir avec une heureuse équité sur l'ensemble de la paroi : d'où l'obligation absolue de pratiquer l'opération césarienne aux paquets de cinquante centimes, sous peine d'exposer la pipe qui en recevrait le contenu à se voir culottée comme par un cochon. Il loua ensuite en termes chaleureux l'excellence de l'écume de mer, exalta les vertus sans nombre de ce calcaire qu'il compara, pour la susceptibilité, à la fleur du magnolia dont se flétrit la blancheur de porcelaine au plus léger attouchement. Mais comme il insistait sur ce point, en revenant toujours et sans cesse aux porosités de l'écume, « autant de cellules grandes ouvertes à l'encrassement du suint humain », j'objectai mon impuissance à réformer la nature, les vains efforts où je me fusse consumé en vue de m'opposer à la transpiration de mes extrémités supérieures. Je conclus en demandant par quel bout il convenait que je m'emparasse de ma pipe le jour où je voudrais la fumer, car encore fallait-il qu'elle passât par mes doigts avant d'arriver à mes lèvres.

Quelle devait être ma surprise !

— On ne prend une pipe d'écume ni par un bout ni par un autre, répondit avec gravité mon savant interlocuteur, si ce n'est la main gantée de fil. Je dis de fil ; car le moutonneux du gant de Suède n'est rien moins qu'un antre à microbes, et le chevreau, par son glacis, est ennemi de l'écume de mer dont il enveloppe le poli naturel d'un revêtement artificiel, vaguement oléagineux et tout à fait indélébile. Apprenez de moi cette vérité.

Il discourait d'abondance, élevant de temps en temps vers le ciel l'index de la conviction, et lâchant par-ci par-là des apophtegmes dans le goût suivant :

— L'écume de mer est parcelle de Dieu !

Ou :

— L'homme qui galvaude une pipe en écume de mer est un père qui conduit lui-même, dans le sentier de la débauche, la vierge qui lui doit le jour..

Ou :

— Qui rougit de son origine est indigne d'en avoir une, a dit un philosophe profond. Qui, ayant une pipe d'écume, n'a pas pour elle les égards qu'elle mérite, est indigne de la conserver, oserai-je ajouter avec lui.

J'étais dans l'admiration.

Il poursuivit :

— Si vous voulez mener à bien le culottage de votre pipe, il convient que vous la fumiez deux, trois ou quatre fois par jour (le détail est sans importance), mais toujours aux heures précises où vous l'aurez fumée la veille, en ayant soin d'aspirer les bouffées à intervalles réguliers : ceci dans une pièce bien close, carrelée en glaise de Hombourg, et d'une superficie non supérieure à huit mètres carrés et demi. Vous allez comprendre pourquoi. Le culottage n'est pas seulement dû à l'absorption du jus de tabac par une terre plus ou moins dense. Non. Il dépend dans une large mesure du milieu atmosphérique au sein duquel il se développe, et qui ne doit être ni trop échauffé ni trop froid. Vous comprenez donc l'avantage qu'il y a à fumer dans une pièce étroite, c'est-à-dire DANS UN AIR AMBIANT QUE LE FOYER INCANDESCENT CONTENU AU FOURNEAU DE LA PIPE ATTIÉDIT PAR LENTES GRADUATIONS : champ supérieurement favorable à la marche de l'opération entreprise! Quant à la glaise de Hombourg, elle lui est indispensable, étant reconnue pour contenir une certaine quantité de chlorure de calcium, par conséquent pour absorber l'humidité de l'atmosphère, laquelle n'est pas moins funeste aux pipes en écume de mer qu'aux personnes faibles de poitrine. C'est vous dire ce qui vous attend si, occupant un logement carrelé de glaise commune, vous ne faites procéder dès ce soir aux réparations qui s'imposent : votre pipe est fichue d'avance.

Là-dessus, il me demanda à quel étage j'habitais et sur lequel des quatre points cardinaux ouvraient les croisées de la chambre où j'avais coutume de fumer. J'entrai dans des explications, mais à mesure que je parlais, disant que j'étais sur la cour, que j'occupais rue Neuve-Coquenard un petit logement au cinquième, que mes croisées donnaient sur le midi et cœtera, et cœtera, lui s'effarait; il prenait des mines désolées, poussait de petites exclamations plaintives :

— Ah!... Eh!... Oh!... Mais c'est de la démence!... Mais ça passe la compréhension!... Mais ce serait à crever de rire si ce n'était à pleurer de chagrin!... Au midi? Au midi? Vous avez une pipe d'écume et vous croyez que vous la culotterez dans un logement exposé au midi?

Il pouffa, apitoyé.

— Allons, c'est une dérision!... Mon cher Monsieur, il faut déménager tout de suite ou faire votre deuil de votre pipe.

— Mais...

— Croyez-moi; rentrez chez vous, donnez congé à votre concierge et allez demeurer à l'hôtel, chez un ami, dans une mansarde, n'importe où, pourvu seulement que vous preniez jour sur le nord!...

— Pourquoi ça? demandai-je.

— Pourquoi? — Pour échapper à l'action du soleil, parbleu! qui est préjudiciable, au delà de toute expression, aux pipes en écume de mer!

— Comment, le soleil?...

— Naturellement!... Le soleil, vous ne l'ignorez pas, a pour effet de hâler les objets. Or, qu'est le hâle, sinon une façon du culottage, et que prétendez-vous espérer, je vous le demande, d'une pipe à la fois culottée et à l'endroit et à l'envers, donc partagée entre deux forces égales, faites sinon pour s'anéantir du moins pour se neutraliser en une teinte douteusement malpropre et saupoudrée de taches de rousseur comme le visage d'une vachère.

— Fort bien, dis-je. Puisque c'est comme ça, je vais prendre un parti énergique : je ne fumerai ma pipe que la nuit.

A ces mots :

— Vous aurez raison, fit le professeur de culottage. Toutefois vous devrez prendre garde à ne pas la fumer plus de sept fois par mois.

— A cause?

Il répondit :

— A cause de la lune, dont la lumière n'est sans danger pour les pipes en écume de mer que pendant le premier quartier.

Puis, ayant deviné ma stupeur au muet bâillement de ma bouche, il m'initia à certaines particularités de la planète en question. Il me dépeignit l'influence de cet astre, réputé mort, sur les êtres et sur les choses; son action sur les marées, sur les femmes et sur le collage du vin. Je sus ensuite que la lumière de la lune agit sur certains calcaires, au point de les ronger comme le vitriol ronge les pièces de cinquante centimes, à preuve la cathédrale de Meaux dont la façade s'effrite chaque jour et tombe peu à peu en poussière. Cet exemple me bouleversa, en m'ouvrant de fâcheux horizons sur le degré de résistance des pipes en écume de mer comparé à celui des cathédrales gothiques. J'appris enfin qu'il est urgent de ne point se servir d'une pipe en écume : 1° quand il fait beau, — à cause de la sécheresse; 2° quand il fait mauvais, — à cause de l'humidité. Ces curieuses révélations emplissaient mon âme de surprise, mais de consternation aussi, car je sentais en moi, lentement, s'infiltrer la terreur de ne jamais me trouver dans des conditions satisfaisantes.

UNE OPPOSITION

UNE OPPOSITION

---

8 *mars*. — Race abjecte des domestiques! Je viens de flanquer à la porte Bonnumour, mon valet de chambre. Depuis longtemps je le soupçonnais de me dérober mon argent et de boire le vin de ma cave; une goutte d'eau a fait déborder le vase.

Voici.

Je travaillais à mettre en ordre les livres de ma bibliothèque, quand le bruit d'une discussion arriva jusqu'à mon oreille. Ayant ouvert la fenêtre de mon cabinet, je distinguai la voix de Bonnumour et aussi celle de son père, vieillard de soixante-seize ans, cassé et humble, que je fais semblant de ne pas apercevoir par l'huis entrebâillé de l'office, les jours (d'ailleurs assez rares) où il vient bavarder avec son garçon en dégustant un bol de consommé qui n'est, mon Dieu! pas dans le programme, ou en épluchant de son couteau l'os d'une côtelette de porc frais destinée en principe à mon repas du lendemain.

« Mauvais fils! larmoyait le vieux. Tu laisses ton père mourir de faim. »

« Vous êtes une pratique! criait l'autre! une pratique et un carottier. Fichez-moi le camp, vieille canaille! »

Mais le bonhomme :

« Ma pension! ma pension! Paye-moi ma pension, voleur! Il y a plus de quatre mois que tu ne m'as versé un sou. Tu me dois deux cents francs; je les veux. »

Je compris. Le père Bonnumour, cela me revenait tout à coup, avait troqué à son fils ses trois mille francs d'économies arrachées centime par centime à cinquante années de travail, de privations, de noble et auguste misère, contre un viager de trente louis, que le gaillard, bien entendu, gardait scrupuleusement pour soi, se moquant bien que son père fût sans pain, pourvu qu'il pût s'enivrer, lui, jusqu'à en tomber comme une brute, chez les marchands de vitriol. Scélérat!... L'indignation me prit. Je courus d'une traite à l'office, j'en repoussai violemment la porte; je mis vingt francs dans la main du père et je réglai son compte au fils; après quoi : du balai! oust! hop!

Je n'ai plus qu'à brûler du sucre.

10 *mars.* — Bonnumour m'était odieux. Je ne m'en étais jamais douté, et je m'en rends brusquement compte au soulagement que je goûte à ne plus le sentir près de moi. Je me rappelle avoir, vers vingt ans, éprouvé la même impression de bien-être en me découvrant épuré d'un tas de mauvais sentiments, de petites bassesses anonymes, qui me souillaient honteusement et ne paraissaient cependant pas m'avoir gêné outre mesure.

. . . .

20 *mars.* — Je reçois l'exploit que voici :

OPPOSITION

L'an mil huit cent quatre-vingt-seize, le vingt mars, à la requête de M. Bonnumour, domicilié à Paris, j'ai, Jean-Bonaventure-Christophe Legruyer, huissier au tribunal de 1re instance séant à Paris, déclaré au sieur La Brige, domicilié en ladite ville où étant et parlant à son concierge, que le requérant s'oppose à ce qu'il se dessaisisse, paie et vide ses mains d'aucune somme, de deniers, d'autres choses quelconques qu'il aura droit ou devra à M. Bonnumour Jean-Philippe, fils légitime du sus-nommé, et ce pour avoir paiement de la somme de deux cents francs, montant des arriérés d'une pension viagère assurée à celui-ci par celui-là, par acte en bonne et due forme fait dans les termes requis par la loi, sous réserve de tous autres dus, à peine de tous dommages et intérêts, et lui ai laissé cette copie : coût, huit francs vingt centimes.

LEGRUYER.

Qu'est-ce qu'on vient me chanter? je ne dois rien au fils Bonnumour, je n'ai donc rien à payer au père.

Je retourne son papier timbré à l'officier ministériel avec une fin de non-recevoir.

23 *mars.* — Par instants, l'idée me revient de l'opposition Bonnumour. D'une part j'ai envie d'en rire et malgré moi je ne puis me défendre d'un sentiment de vague tristesse. Que le père Bonnu-

mour déraisonne, qu'il pousse l'ingénuité au point de revendiquer à son profit une somme d'argent que je ne dois ni à lui ni à d'autres, soit! ça n'a rien qui doive m'étonner, venant d'un vieillard en enfance. Mais une chose me stupéfie. Un homme s'est trouvé à même d'ouvrir à la lumière les yeux de cet aveugle et il les lui a laissés clos! Il n'avait qu'une parole à dire et il n'a pas ouvert la bouche! Et cet homme, c'est un de ces hommes que la loi arme de son glaive, en lesquels s'incarne, se personnifie, cette chose sacrée entre toutes, faite pour occuper dans la vénération des gens de bien la première place après Dieu : la Justice!

Est-ce à dire que j'accuse l'huissier d'avoir sciemment, de gaieté de cœur, carotté au père Bonnumour huit francs dont eût vécu huit jours ce pauvre homme si digne d'intérêt? Non. J'ai trop le respect de mes semblables pour m'attarder une seule minute dans le fumier d'une telle hypothèse. Mais il est un fait indéniable : nous vivons en des temps douteux, d'une désespérante veulerie, où la véritable honnêteté ne se sent guère plus à son aise qu'une femme de mœurs irréprochables dans un de ces milieux bâtards, à la fois strictement corrects et manifestement équivoques, devenus si fréquents, hélas! Tout se relâche, tout se détend. LA CORRECTION, — ce mal né d'hier et dont nous péririons demain, si nous n'y mettons bon ordre — nous envahit de jour en jour : sournoise et doucereuse ennemie, perfide compromis des consciences qui capitulent sans en convenir, ne se sentant pas le courage d'être carrément des putains et de descendre sur le trottoir. C'est elle qui est la cause de tout; c'est elle qui initie les hommes à l'art de danser sur les œufs, de côtoyer les précipices et de ne plus faire leur devoir tout en s'acquittant de leur tâche. L'huissier a-t-il fait autre chose, dans le cas dont il est question?

Même jour. — C'est aux gens de bon sens et de conscience à réparer lorsqu'ils le peuvent les torts des fous et des indifférents. J'ai adressé au père Bonnumour un mandat-poste de dix francs et le conseil d'en rester là, sous peine pour lui de se mettre sur le dos des frais aussi lourds qu'inutiles, et que je ne lui rembourserais plus, bien entendu.

. . . .

9 *avril.* — Deuxième exploit!... Je suis cité à comparoir le 25 du présent mois, devant la 3e chambre-

bre civile, pour m'entendre condamner à payer deux cents francs au père Bonnumour. Or, le père Bonnumour, cette fois, ne pèche plus par simple ignorance. Alors quoi ?... Ce bon vieillard serait-il une simple canaille ? Je commence à partager sur ce point, l'opinion de son excellent fils. Si j'avais su, j'aurais gardé mes dix francs. Quant à me rendre au tribunal, point ! Je vis en paix à Saint-Mandé, entouré de mes bêtes, qui m'adorent, et de mes rosiers, qui m'embaument. Je ne m'arracherai certainement pas à la douceur de tant de calme pour aller respirer une journée entière l'air infecté des salles d'audience. Aussi bien, qu'irais-je faire là-bas ? J'ai le bon droit de mon côté, et quand le diable serait là, nous avons des juges à Paris.

. . . .

26 *avril.* — Elle est raide ! Je suis condamné.

On dit du véritable sage qu'il ne doit s'étonner de rien. J'avoue pourtant que, cette fois, les bras me tombent.

N'importe, il faut que je me retourne. Je vais écrire à mon homme d'affaires de venir déjeuner avec moi.

28 *avril.* — Mon homme d'affaires, Destenet, est

le plus charmant des hommes. Quel agréable compagnon! Quel gai et réjouissant compère! Sa conversation éclate à chaque instant, en piquantes saillies, en bons mots, en observations ingénieuses. Et si bien élevé, avec ça !... Une seule chose en lui m'énerve : son énigmatique et latente raillerie aussitôt qu'il vient à parler des choses de sa profession. Alors, on ne saurait définir quelle transformation étrange s'opère à l'instant même sur les traits de son visage, demeuré — remarquez ceci — imperturbablement égal, précisément, exactement, indiscutablement le même qu'une minute auparavant. Sur cette face impassible et grave, des gaietés se sont allumées, evidentes et insaisissables, informulées et manifestes. Qu'est-ce qui rit ainsi en lui? Je ne sais pas. Le regard? Peut-être. La bouche? C'est possible. Rien et tout. Je vous dis que c'est exaspérant! Les femmes du monde devant lesquelles on vient à louanger les vertus d'une amie à elles, ont cette expression équivoque, à la fois discrète et goguenarde, qui approuve et hurle de joie. Ça ne fait rien : c'est un gentil garçon. Je me fais fête de l'avoir demain pour convive.

29 *avril, soir*. — Destenet sort d'ici. Il m'a dit

que j'étais dans mon tort, — chose que je n'eusse point soupçonnée et qui, en dépit de mille raisons toutes plus excellentes les unes que les autres, continue à me trouver sceptique. Au reçu de l'opposition du 20 mars, j'aurais dû faire ce qu'il appelle la *déclaration affirmative*, c'est-à-dire la dénoncer comme non fondée et, par conséquent, comme non recevable, ceci au greffe et par ministère d'avoué. J'en aurais été quitte pour quinze francs. Faute d'avoir su, il faut maintenant :

1° Que je fasse opposition au jugement qui m'a condamné par défaut, — toujours par ministère d'avoué ;

2° Que je fasse déposer sur le bureau du tribunal des conclusions tendant à ce que le père Bonnumour soit débouté de sa demande, — par ministère d'avocat, cette fois. Car la loi, en matière civile, ne reconnaît pas à un monsieur le droit de se défendre lui-même. Il lui faut prouver son bon droit par l'intermédiaire d'un tiers payé cent ou cent cinquante francs pour s'improviser le porte-parole et démontrer la probité d'un homme dont, la veille encore, il ignorait le nom, la naissance !...

Oui ? Eh bien ! le père Bonnumour paiera ça plus

cher qu'au marché. En avant le papier timbré et la phalange des robes noires! Mon procès est imperdable. Débouté de sa plainte imbécile, cette vieille canaille, père de canaille, aura tous les frais sur le dos; comme il n'en a pas le premier sou, à lui la contrainte par corps! Ce sera bien fait. J'en ai assez; je passe ma vie à essayer de repêcher des malfaiteurs noyés dans leurs propres immondices; c'est trop bête. Si encore ils ne se moquaient pas de moi...

4 *mai.* — Je fais opposition dans les formes. Voilà l'affaire engagée.

. . . .

20 *août.* — L'affaire est inscrite au rôle. Elle sera appelée le 1er septembre.

1er *septembre.* — Renvoi de mon procès à quinzaine. Je regrette de m'être dérangé.

16 *septembre.* — Deuxième renvoi. Même observation.

30 *septembre.* — Troisième renvoi. Même observation.

15 *octobre.* — La cause est, enfin, appelée.

15 *octobre, soir.* — A huitaine pour le jugement; mais l'affaire est dans le sac. Le président est un

homme plein de bon sens : « Il ne suffit pas, a-t-il dit à l'avocat du père Bonnumour, de réclamer deux cents francs pour que les juges vous les accordent. Il faut prouver qu'on vous les doit. A ce compte-là, vous pourriez réclamer un million. » Ça crève les yeux d'évidence.

22 *octobre*. — Ça y est; le vieux est rincé. Il est débouté de sa plainte et condamné aux dépens. Mon avocat me coûte dix louis, mais j'en ai pour mon argent, puisque je goûte l'ineffable joie de fouler aux pieds un coquin. Vivent les honnêtes gens! La justice est de ce monde. Quand on est dans le vrai, on finit toujours par avoir raison.

. . . .

5 *novembre*. — Ce qui m'arrive dépasse en extravagance tout ce qu'on peut imaginer. Convaincu d'imposture, le père Bonnumour a été condamné, comme c'était justice, à payer les pots cassés; mais LA LOI VEUT QUE DANS LES PROCÈS ENTRE PARTICULIERS, LA PARTIE GAGNANTE PAYE POUR L'AUTRE, SI CELLE-CI EST RECONNUE INSOLVABLE. Or, c'est le cas du père Bonnumour. En sorte que, submergé de mon bon droit au su et au vu de tout le monde, le front chargé et surchargé des lauriers du triomphateur, je n'ai plus

qu'à payer six cents et quelques francs, montant des frais du procès, la gloire d'avoir démontré que je n'en devais pas deux cents!...

J'ai un fils de dix-neuf ans. Le jour où il atteindra sa majorité, je lui ferai flanquer un conseil judiciaire, ce qui le rendra insolvable, le mettant ainsi à l'abri des monstruosités de la loi. Voilà. Et si, de cet instant, il essaye d'abuser de la situation pour ne pas payer ce qu'il doit ou pour dépouiller son prochain, c'est à moi qu'il aura affaire.

LIEDS DE MONTMARTRE

LES MÉTÉORES

PANTHÉON-COURCELLES

LES MÉTÉORES

> « Ne voyez-vous pas dans le chapeau haut de forme quelque chose de sombre et de surnaturel?... une sorte de météore ténébreux? »
>
> STÉPHANE MALLARMÉ.

I

Le chapelier dans sa boutique, la plume aux doigts, les yeux lentement abaissés du haut en bas d'un folio de Grand Livre, faisait le compte des chapeaux vendus et se réjouissait *in petto* des bénéfices réalisés, quand Roté entra en coup de vent. Chaussé de neuf et ganté de clair, mais coiffé d'un haut-de-forme aux rousseurs ardentes évoquant à la fois le reflet de bassinoire et le sein de Sarah la baigneuse, il se rendait au rendez-vous qu'avait daigné lui accorder Mme de Proutrépéto. C'était un homme au visage neutre encadré d'un de ces mols duvets dont une vierge ne saurait contempler sans rougir l'obscénité énigmatique, indiscutable et révoltante. Des espérances, nichées en ses coins de bouche, y souriaient avec malice, et, dans ses prunelles élargies, — pâtés d'encre en l'azur limpide des iris — s'alanguissait l'extase des spasmes de bientôt.

Il fit trois pas en avant, et :

— Afin, dit-il, de me rendre au rendez-vous que la très chère m'a donné, — lirelirelé; gratte-moi le nez; voici mon cœur, ce damné! — avec, décemment, sur ma tête, quelque chose de sombre et de surnaturel; je désirerais un météore aussi ténébreux que possible, du prix de seize à dix-huit francs.

II

Ayant chassé sur ses coulisses la glace sans tain d'un placard où des hauts-de-forme étagés dormaient immobiles sur leurs ailes, tels de gros oiseaux au repos, le chapelier, d'une main que guidait l'expérience et la longue pratique des choses, prit un chapeau dont il coiffa Roté.

— Voici qui va des mieux, dit-il.

Dehors, l'accalmie s'était faite. Le beau temps remplaçait l'orage, et, à travers les brumes d'une bouderie dernière, le rire, l'adorable rire, du soleil réconcilié, était celui d'une jeune épousée à travers les gazes de son voile. Roté, qu'un fiacre attendait à la porte, la roue dans la boue du ruisseau, régla son dû, se retira... et passa sous la bâche baissée de la boutique au moment où la boutiquière en soulevait avec un balai le fond bombé comme un hamac et gonflé d'eau comme une ampoule. Ça ne traîna pas. Une cataracte culbutée en dévala à l'instant même sur le chapeau neuf de Roté, qui ne se livra d'ailleurs à aucun commentaire, étant ennemi, par principe, des démonstrations superflues et des paroles inutiles. Simplement, il rebroussa chemin, réintégra la chapellerie, et, au chapelier un peu étonné de le revoir :

— Afin, dit-il, de me rendre au rendez-vous que m'a donné Mme de Proutrépéto — lirelirelo, gratte-moi le dos, mon cœur rit à son bourreau — avec, décemment, sur ma tête quelque chose de sombre et de surnaturel, je désirerais un second météore, non moins ténébreux que le premier, et, comme lui, de seize à dix-huit francs.

III

Le commerçant s'était remis à ses comptes.

Il retourna à son placard.

Un instant, les mots indistincts, glissés tout mouillés de salive le long du porte-plume qui lui barrait les dents, il glorifia le nouveau haut-de-forme dont il décorait le haut-de-chef du préposé aux faveurs de Mme de Proutrépéto. Et le fait est que celui-ci, tandis qu'il gagnait la sortie, en emporta la vision radieuse, hérissée de colonnes de lumière essentiellement surnaturelles et météorologiques, — vision cueillie au passage, d'un coup d'œil, dans le reflet penché d'un miroir. Le beau chapeau!... La fatalité qui veillait, voulut que l'heureux préposé en tapât violemment le faîte dans le chambranle supérieur de son fiacre, comme il s'enlevait avec grâce sur le marchepied du susdit. En sorte que, cette fois encore, la question fut tôt tranchée. Soulevé comme avec un levier au-dessus du crâne de son propriétaire, projeté de là par le vide des espaces, le chapeau neuf s'y comporta avec l'indépendance fougueuse d'un météore qu'il était, battant les murs, brûlant le pavé, semant l'effarement et le trouble et faisant les quatre cents coups. Ça pouvait durer des années. Par bonheur, Dieu aussi veillait! Le cylindre d'une écraseuse qui déboucha fort à propos d'une avenue avoisinante, fournit au drame son épilogue; sur quoi Roté rentra en la chapellerie et dit au chapelier surpris de plus en plus :

— Afin de me rendre au rendez-vous que m'a donné la très chère — lirelirelaire, gratte-moi le blair, j'ai joui, puisque j'ai souffert — avec, décemment, sur ma tête, quelque chose de sombre et de surnaturel, je désirerais un troisième météore, du même prix que les deux premiers et également ténébreux.

IV

Avec ses alternatives d'éclaircies et de giboulées, mars, pas fixé, est assommant. Il fait songer à ces donzelles qui, tour à tour, rient, pleurent, chantent, grognent, soupirent à propos de rien, puis rigolent sans savoir pourquoi, et desquelles on prendrait plaisir à réformer le naturel fantasque à grands coups de pied au derrière. Une minute ré-curé, ses amoncellements de nuages chassés vers l'horizon par le balai de saint Pierre, concierge au Paradis, ainsi que chacun sait, le ciel, déjà se rembrunissait, et, lourd d'une ondée prochaine, tournait au noir comme l'œil d'une maîtresse jalouse qui a trouvé une facture de fleuriste dans la poche de son cher et tendre. Même, Roté, quand il reparut, eut une moue significative, pris de la crainte de le voir s'effondrer tout à coup et crouler sur sa tête en une trombe compacte.

Il songea : « Diable ! » et il se hâta vers son fiacre dont il franchit le seuil béant avec une prudence calculée et courbée, dictée par l'expérience même.

Il en évita donc le chambranle.

Malheureusement, s'étant redressé avec une précipitation intempestive, il n'en évita pas le plafond, et l'imprévu de cette circonstance fut d'un fâcheux effet pour son troisième chapeau; dans moins de temps qu'il n'en faut pour le dire, il fut transformé, le chapeau, en accordéon! en lampion! en soufflet! en galette feuilletée! *Habent sua fata capelli.* Roté n'eut pas une plainte. Tout au souci de plaire à son amie et de se présenter à elle sous un aspect avantageux, cet homme charmant mit pied à terre, enjamba le trottoir d'un saut, et, reparu une fois encore sur le seuil de la chapellerie :

— Afin, dit-il au chapelier, de me rendre à l'heureux rendez-vous — lirelirelou, gratte-moi le mou, mon cœur souffre mais absout — avec, décemment, sur ma tête, quelque chose de sombre et de surnaturel, je désirerais un quatrième météore, du même prix, et aussi ténébreux que les trois autres.

V

Cependant, comme il n'est plaisanterie si heureuse qu'elle ne perde son sel à la longue, Roté se dit qu'il avait assez ri et que le moment était venu de passer à d'autres exercices. Il imagina donc ceci : faire à son quatrième chapeau les honneurs de son ver rongeur, lui en tenir la portière ouverte comme à une personne de marque, et l'installer, lui d'abord, sur le rembourré de la banquette, où il l'irait ensuite rejoindre.

Cette conception se recommandait à l'approbation des connaisseurs par des qualités tout à part d'ingéniosité et d'astuce, et je dois confesser, la vérité m'y pousse, qu'elle fut couronnée, en effet, d'une éclatante réussite. Non!... Ni au chambranle supérieur, ni au plafond bas du sapin, Roté ne chahuta son tube!... Seûlement, s'étant assis dessus par mégarde, il le fit éclater sous le poids de ses fesses comme une groseille à maquereau.

Alors, rêveur mélancolique, l'âme visitée d'une angoisse, ne doutant plus qu'il se butât à la malignité féroce et inexorable d'un Dieu, il résolut d'en venir aux grands moyens et de triompher quand même. Accoudé à la glace baissée de la voiture :

— Oh hé! hurla-t-il. Chapelier!

Puis, au chapelier accouru, ses offres de service à la bouche :

— Afin, dit-il, de me rendre au rendez-vous où la belle des belles m'attend, — lirelirelan, gratte-moi le flanc, mon cœur est un vieil enfant — avec, décemment, sur ma tête, quelque chose de sombre et de surnaturel, apportez-moi *ici même*, *dans ce fiacre*, un cinquième météore de seize à dix-huit francs ; vous me le poserez *vous-même*, *de vos mains*, sur le chef ! et nous verrons, tonnerre de bleu, si je m'assoirai encore dessus !

VI

Au petit trot de la rousse jument qu'il emprisonnait de ses brancards, le fiacre s'était remis en route, conduisant à la terre promise Roté, homme habile entre tous en l'art d'avoir raison des perfidies de la vie et de mater les dieux malfaisants. Sa face élargie de fierté disait tout le mérite d'une victoire qu'en suivrait bientôt une seconde, et, dans le vague reflet de la vitre encadrant le siège du cocher, l'heureux coquin, en malins clignements d'œil, se complimentait de l'une et de l'autre.

Ah ! lenteur des dernières attentes !... agonie atroce et exquise des désirs enfin contentés !... fièvre des doigts exaspérés, tendus vers le but presque atteint !...

Soudain, le fiacre s'arrêta.

Roté eut un geste d'impatience.

Une minute s'écoula.

Roté mordit sa canne.

Mais comme, à la première minute, en succédait une seconde, puis, à la seconde, une troisième, il n'y tint plus; par le cadre de la glace baissée, il se pencha au dehors, et, pour stimuler de paroles bien senties le zèle de l'automédon, il projeta d'arrière en avant sa tête que surplombait — cinquième du nom — un haut-de-forme irréprochable. Précisément, au même instant, un agent qui veillait à la circulation, projetait d'avant en arrière son bâton couleur de porcelaine, marqué aux armes de la Ville. Animés de vitesses égales, mais agissant en sens contraires, le bâton de l'agent et le chapeau de Roté se heurtèrent, pareils à deux trains...

Un coup sourd!

— Andouille! fit l'agent.

Mais Roté ne répondit pas, les cheveux au vent, les yeux perdus, suivant, par l'éloignement de la rue, la galopade précipité d'une chose qu'on ne saurait définir, une chose sombre, surnaturelle, une sorte de météore ténébreux...

PANTHÉON-COURCELLES

A Roger Battut.

LE RÉCITANT

Qu'est-ce qu'il y a Un?

LES VIERGES

Il y a un Dieu, un seul Dieu, qui règne dans les cieux.

LE RÉCITANT

Oui, il n'y a qu'un Dieu, qui règne dans les cieux; mais du Panthéon à Courcelles par l'omnibus Courcelles-Panthéon, il y a des stations plus nombreuses que ne le furent jamais les étoiles en un firmament constellé.

A l'orchestre : roulements de tambours.

LE RÉCITANT

Des solitudes silencieuses où sommeille à toute heure la place du Panthéon, l'omnibus Panthéon-Courcelles s'est mis en route pour Levallois. Au petit trot des deux coursiers qui le remorquent à leurs derrières, il dégringole la rue Soufflot, arrive au boulevard Saint-Michel... et y fait une première halte!

Halte brève; suffisante pourtant.

L'omnibus Panthéon-Courcelles y a puisé de nouvelles vigueurs.

Tel un cerf, il traverse le boulevard Saint-Michel; telle une flèche, il enfile la rue de Médicis, le long de la grille du Luxembourg; et les voyageurs satisfaits, qui se voient déjà à Courcelles, se frottent les mains d'un air de jubilation.

Or, ils ne sont qu'à l'Odéon, et l'omnibus, ô étonnement! s'arrête de nouveau et pleure sur son frein.

Coup de cymbale à l'orchestre.

Qu'est-ce qu'il y a Deux?

LE CHŒUR

Du Panthéon à l'Odéon, il y a deux stations : il y

a la station du boulevard Saint-Michel et il y a la station de la rue de Vaugirard.

LES VIERGES

Mais il n'y a qu'un Dieu, qui règne dans les cieux.

A l'orchestre : altos et bassons.

LE RÉCITANT

Cependant, l'omnibus Panthéon-Courcelles a repris son parcours deux fois interrompu. A présent, il descend la rue de l'Odéon et sa roue grince au rebord du trottoir. Il penche sur sa droite, un peu; en sorte que les voyageurs de l'impériale, à la fois inquiets et charmés, voient venir la minute, prochaine, où ils seront précipités entre les bras des petites blanchisseuses de fin aperçues au passage, blondes et dépeignées, au-dessus de la couche de craie embarbouillant à mi-hauteur les vitres des blanchisseries.

Entre deux haies de riches chasubles où des ors se relèvent en bosses, et de cierges montant la garde, alternés de Saints-Sacrements, devant des jupes d'enfant de chœur plus rougeoyantes que des engelures de vachères, il ébranle le pavé de la rue Saint-

Sulpice, gagne le parvis de l'église et... s'arrête.

Coup de cymbale à l'orchestre.

Qu'est-ce qu'il y a Trois?

LE CHŒUR

Du Panthéon à Saint-Sulpice, il y a trois stations: il y a la station du boulevard Saint-Michel, la station de la rue de Vaugirard et la station du parvis Saint-Sulpice.

LES VIERGES

Mais il n'y a qu'un Dieu, qui règne dans les cieux.

A l'orchestre : motif de harpes.

LE RÉCITANT

Le cocher de l'omnibus Panthéon-Courcelles est un précieux automédon, respectueux (autant que faire se peut) de l'existence des personnes que la modicité de leur bourse oblige à aller à pied, et habile à l'égal d'Hippolyte, fils faussement accusé de Thésée, en l'art de conduire les chevaux. D'un coup de fouet qui a claqué dans l'air comme une amorce de fulminate, il a enveloppé les siens; et aussitôt les nobles bêtes, attentives à l'appel du devoir, ont tendu leurs jarrets nerveux, leurs cuisses couleur d'acajou, toutes ridées de leur puissant effort.

— Hue!

Coupée de ruelles étroites où bat encore le cœur du Paris d'autrefois, la rue du Vieux-Colombier s'offre à leur valeur indomptable. En moins de temps qu'il n'en faut pour le dire, ils en dévorent la chaussée sur une longueur de 25 maisons dont 13 à gauche et 12 seulement à droite; après quoi, en ayant atteint les extrémités lointaines, ils stoppent et savourent longuement la douceur d'un repos bien gagné.

Coup de cymbale à l'orchestre.

Qu'est-ce qu'il y a Quatre?

LE CHŒUR

Du Panthéon à la rue du Vieux-Colombier, il y a quatre stations : il y a la station du boulevard Saint-Michel, la station de la rue de Vaugirard, la station de la place Saint-Sulpice et la station de la Croix-Rouge.

LES VIERGES

Mais il n'y a qu'un Dieu, qui règne dans les cieux.

A l'orchestre : flûtes et clarinettes.

LE RÉCITANT

L'omnibus Panthéon-Courcelles a ceci de particulier qu'il ne saurait apercevoir une rue sans s'y précipiter tête basse, un kiosque ou un urinoir sans en faire immédiatement le tour. Il est imprévu et loufoque, et rappelle par certains côtés cet étonnant chemin de fer de Sceaux qui se minait le tempérament à courir après sa queue dans l'espoir de la rattraper. D'où il résulte que les concierges des immeubles qu'il rencontre sur son parcours lui jettent de méfiants coups d'œil, avec la crainte manifeste de le voir s'élancer brusquement sous l'une des hautes portes cochères confiées à leur vigilance!... Par bonheur, il a de l'usage, il sait qu'on n'entre pas chez les gens sans frapper; et c'est ainsi qu'ayant, sans trop d'extravagances, atteint enfin le boulevard Saint-Germain, il s'y arrête pour souffler; — ce qui lui était bien dû.

Coup de cymbale à l'orchestre.

Qu'est-ce qu'il y a Cinq?

LE CHŒUR

Du Panthéon au boulevard Saint-Germain, il y a

cinq stations : les quatre stations déjà nommées, et la station de la rue du Bac.

LE RÉCITANT

Oui, mais comme de la rue du Bac, où il y a une station, au pont de la Concorde, où il y en a une autre, il y a, au coin de la rue de Bellechasse, une station intermédiaire...

Coup de cymbale.

LE CHŒUR

Du Panthéon au pont de la Concorde, pour l'omnibus Panthéon-Courcelles, qu'est-ce qu'il y a Sept?

LE RÉCITANT

Il y a sept stations : la station du boulevard Saint-Michel, la station de la rue de Vaugirard, la station de la place Saint-Sulpice, la station de la Croix-Rouge, la station de la rue du Bac, la station de la rue de Bellechasse et la station du quai d'Orsay.

LES VIERGES

Mais il n'y a qu'un Dieu, qui règne dans les cieux.

Mouvement de valse.

LE RÉCITANT

Vert quant aux feux, vert quant aux flancs, l'omnibus Panthéon-Courcelles voudrait en imposer aux masses et les persuader de sa verte vieillesse. Même, il s'est, depuis quelque temps, payé le luxe d'une plate-forme, dont il dodeline par les chemins, semblable à ces vieilles rigolotes qui remuent pompeusement le derrière comme pour donner à entendre qu'elles ne sont pas déjà si mouche et que, mon Dieu ! à l'occasion, elles joueraient encore des épinettes avec un certain agrément.

Mais il n'y a pas un mot de vrai.

C'est de la blague, et voilà tout.

Quarante-huit fois, pas une de plus, les roues de derrière de la lourde voiture ont évolué sur elles-mêmes, — soixante-trois fois celles de devant, en raison de leur diamètre moindre, et déjà sur le seuil étroit de l'omnibus encore une fois à l'arrêt, un contrôleur est apparu, coiffé d'une casquette galonnée, et questionnant un cuirassier sur l'important point de savoir si c'est lui « qui est le militaire ».

Car la fatalité a placé une station à chaque extrémité du pont de la Concorde, l'une en amont, l'autre en aval, la rivière coulant entre elles deux. En sorte que, du Panthéon à la place de la Concorde, il y a exactement huit stations : la station du boulevard Saint-Michel, la station de la rue de Vaugirard, la station de la place Saint-Sulpice, la station de la Croix-Rouge, la station de la rue du Bac, la station de la rue de Bellechasse, la station du quai d'Orsay et la station du Cours-la-Reine.

LES VIERGES

Mais il n'y a qu'un Dieu, qui règne dans les cieux.

A l'orchestre : pistons et trombones.

LE RÉCITANT

De même il n'y a qu'un Dieu qui règne dans les cieux, de même il n'y a qu'une station de la place de la Concorde à la place de la Madeleine : la station de la rue Royale. Seulement, de la place de la Madeleine à la place Saint-Augustin, il y en a une seconde : la station du boulevard Malesherbes !...

A cette heure, une morne tristesse est peinte sur le visage des pauvres voyageurs. Comme des gens qu'aurait effleurés de son aile le formidable Surnatunel, ils échangent des regards anxieux et pensent qu'à la mention :

COMPLET

immobilisée au-dessus du képi du conducteur, on pourrait sans inconvénient substituer le vers du divin Alighieri :

Lasciate ogni speranza.

Vous avez raison, pauvres gens ; laissez s'éteindre au fond de vos âmes la fleur douce, la fleur parfumée, des consolantes illusions! Et toi, fils de Mars et de Bellone, cuirassier aux mains gantées de blanc, toi qui, sous l'acier qui te sied, porte un cœur à l'abri des molles défaillances, croise avec résignation tes bras sur ta large poitrine, et, entendant sous ta culotte, gémir, hélas! une fois de plus, le frein d'arrêt de l'omnibus qui te portait à tes amours, renonce, au coin du boulevard extérieur, où il y a une station encore, à goûter les lèvres de Margot.

Car du Panthéon à Courcelles par la ligne Courcelles-Panthéon qu'est-ce qu'il y a Onze?

Coup de cymbales à l'orchestre.

LE CHŒUR

Il y a onze stations. Il y a la station du boulevard Saint-Michel, la station de la rue de Vaugirard, la station de la place Saint-Sulpice, la station de la Croix-Rouge, la station de la rue du Bac, la station de la rue Bellechasse, la station du quai d'Orsay, la station du Cours-la-Reine, la station de la rue Royale, la station du boulevard Malesberbes et la station du boulevard Extérieur.

LES VIERGES

Mais il n'y a qu'un Dieu, qui règne dans les cieux.

FIN

TABLE DES MATIÈRES

TABLE DES MATIÈRES

Paris. — Imp. Hemmerlé et Cie, rue de Damiette, 2, 4 et 4 bis.

www.ingramcontent.com/pod-product-compliance
Lightning Source LLC
LaVergne TN
LVHW020619110826
845149LV00002B/531